HUBERT COUDURIER

VALÉRIE PÉCRESSE

la guerrière

l'Archipel

Notre catalogue est consultable à l'adresse suivante :
www.editionsarchipel.com

Éditions de L'Archipel
92, avenue de France
75013 Paris

ISBN 978-2-8098-4461-0

À nos mères qui nous assignent un rôle

Avant-propos

Une femme puissante

Pourquoi elle ? Parce qu'une femme qui dit : « J'ai mal à mon pays » mérite l'attention. Parce que nous sommes nombreux à le penser.

Il se trouve que l'engagement de Valérie Pécresse survient à un moment crucial pour l'avenir de la France, à un tournant de son histoire. « Je porte un projet de franche rupture, de droite assumée, assure-t-elle. Je parle à tous ceux qui sont désespérés par le chemin de déclin que la France a pris depuis dix ans[1]. » Un pays qui est passé du 5e au 25e rang mondial pour la richesse par habitant en moins d'un siècle.

Malgré le discours euphorisant de la présidence Macron, la situation n'est pas réjouissante. En premier lieu sur le plan économique : déficit considérable du commerce extérieur qui prouve que nos produits ne sont plus compétitifs. Endettement croissant soumis à la menace d'une remontée des taux d'intérêt. Désindustrialisation accélérée qui nous place bien loin de l'Allemagne dans le groupe des pays que l'on appelait naguère, par dérision, les « pays du Club Med ». Mais aussi retard par rapport à la Grande-Bretagne, dont on disait qu'elle n'était plus qu'un centre financier, mais qui nous a désormais dépassés sur

1. Interview par Sonia Mabrouk, Europe 1, 17 janvier 2022.

le plan industriel. Même l'Italie, sur l'impulsion de Mario Draghi, fait mieux que nous, avec un excédent commercial équivalent à notre déficit.

Ce déclin est ancien et, compte tenu de l'inculture économique régnante, il est tentant pour nos dirigeants de s'enfermer dans un déni de réalité. En janvier 2002, lors de ses vœux à Matignon, Jean-Pierre Raffarin stigmatisait *La France qui tombe*[1] reprenant le titre de l'essai fameux de Nicolas Baverez. Qui pourrait décemment soutenir aujourd'hui que le disciple de Raymond Aron avait tort ? Il faudrait remonter au premier choc pétrolier sous Valéry Giscard d'Estaing, au passage à l'euro, source d'avantages et d'inconvénients. J'entends encore Nicolas Sarkozy m'affirmer à la fin du mandat de Jacques Chirac, méchamment qualifié de « roi fainéant » : « Il croit que la France est éternelle et qu'il ne faut pas la réformer. » Les fondamentaux du pays étaient alors meilleurs que ceux de notre voisin d'outre-Rhin, tout occupé à sa réunification.

En l'espace de quinze années, au cours desquelles Valérie Pécresse aura été aux premières loges, trois présidents se sont succédé – Sarkozy, Hollande, Macron – qui ont vu la France descendre plusieurs marches, au risque de devenir « l'homme malade de l'Europe », sur fond de recul du modèle occidental face à l'Asie et à la Chine en particulier. Certes, ces présidents ont traversé trois crises majeures nées de la mondialisation : crise financière pour le premier, crise terroriste pour le deuxième, crise sanitaire pour le troisième. Les conséquences ne s'en sont pas fait attendre. Au-delà des éruptions de violence (Bonnets rouges, Gilets jaunes), on a observé une progression

1. Perrin, 2003.

fulgurante du populisme, tant en France qu'à l'étranger. Les médias ne sont pas pour rien dans cette évolution. À la fin de son second mandat, François Mitterrand, reclus à l'Élysée, confiait à quelques-uns d'entre nous qu'à force de critiquer les politiques, cette tendance finirait par se retourner contre la presse. Élus et jounalistes sont désormais en première ligne. L'époque où l'on disait : « C'est vrai, c'est écrit dans le journal » paraît bien révolue. Les réseaux sociaux mènent la contestation et tirent le système médiatique vers le bas, à l'unisson d'une opinion qui condamne les élites en cédant souvent au piège de la désinformation. Non que les élites ne soient pas critiquables, tant en politique que dans le monde des affaires, où une certaine oligarchie d'État a multiplié les erreurs de stratégie pour en arriver au désastre économique que nous savons. La transparence, malgré ses dérives, reste un progrès de la démocratie en ce qu'elle force les dirigeants, sous le regard de l'opinion, à une plus grande adaptation aux défis. Mais la radicalité qui s'exprime aujourd'hui, à travers la banalisation de propos agressifs, conduit à simplifier des problèmes complexes, au risque de les aggraver.

Par-delà la nouveauté de la candidature d'une femme issue de la droite républicaine à la magistrature suprême, qui pose la question de la survie du parti gaulliste, c'est une certaine conception de la politique qui est en jeu, fondée sur des valeurs. Que laisserons-nous aux nouvelles générations qui nous en veulent d'avoir plombé l'héritage ? « Désormais, les politiques s'en remettent à des autorités supérieures comme l'Europe. Maastricht a été pensé parce que la France n'était pas capable de gérer ses déficits : on a refilé le bébé à Bruxelles. L'ultra-keynésianisme règne en maître depuis trente ans », expliquait François de Closets il y a une dizaine d'années[1]. Or cela va de mal en pis. Ce vulgarisateur génial estimait d'ailleurs que nos prélèvements étaient au taquet et que l'on n'irait pas au-delà de 45 % du PIB. Eh bien ! si. Avec la crise sanitaire, Macron le disruptif a franchi toutes les limites. Mille milliards d'endettement supplémentaires se sont ajoutés depuis 2007 au début du mandat de Nicolas Sarkozy.

En réalité, il n'y en a pas un pour rattraper l'autre. Et, depuis les mises en garde prophétiques du professeur Barre, la mondialisation nous oblige à financer le train de vie des Français à crédit. Mais ce que permettaient naguère ces dévaluations à répétition n'est plus possible. Aucun homme politique n'a su prendre le problème à bras-le-corps pour assainir l'économie française qui s'appauvrit et dont la démocratie, par contrecoup, devient plus violente. C'est un problème de croissance, comme l'a bien analysé le directeur de *Libération*[2], et donc d'investissement car les dépenses de fonctionnement de l'État absorbent tout ce qui est disponible. Dans l'Histoire, les Français remettent souvent la droite au pouvoir quand les caisses sont vides !

Valérie Pécresse, qui a montré ses qualités de gestionnaire à la tête de la région Île-de-France, est-elle capable d'insuffler un peu de rigueur dans un pays qui n'est plus géré et dont le président se complaît dans une ivresse narcissique où ce qu'il dit a plus d'importance que ce qu'il fait ? Peut-on redonner aux Français, qui n'ont guère le sens de la cogestion à l'allemande, le goût de la réforme dans un échange gagnant-gagnant, comme l'ont fait par exemple les

---

1. Intervention devant le Cercle de l'Union interalliée, 1er septembre 2011.
2. Denis Olivennes, *Un étrange renoncement*, Albin Michel, 2021.

Canadiens ? Sur un autre plan, le temps des femmes n'est-il pas venu en France ? Si Valérie Pécresse se réfère à Margaret Thatcher et Angela Merkel, d'autres exemples existent, moins connus mais tout aussi probants : ceux de la Première ministre néozélandaise Jacinda Arden ou de la présidente taïwanaise Tsai Ing-wen. Deux femmes de caractère, très populaires dans leurs pays respectifs.

La force de Valérie Pécresse tient à sa détermination, à sa résilience et à son empathie pour les autres. Elle joue nettement plus collectif qu'Emmanuel Macron, même si vient un moment où, comme elle me l'a un jour confié : « On en a marre d'être le numéro deux. Je veux être une femme libre. » Son objectif prioritaire, d'ici à l'élection, est de maintenir l'unité politique d'une famille ébranlée par les échecs. Elle a ce charme discret de la bourgeoisie, pour reprendre le titre d'un film de Luis Buñuel, réflexion onirique sur un dîner qui n'aura jamais lieu, symbole d'un monde qui s'éteint. Avec cependant un goût pour le risque et l'aventure, qui lui viennent de son histoire familiale et de la trajectoire qu'elle s'est inventée. Un souvenir me revient. À cette question d'Anne Sinclair demandant à Hassan II si la succession en faveur de son fils Mohammed VI ne serait pas difficile, le souverain alaouite avait répondu : « Si ce n'est pas difficile, c'est qu'on n'aura pas besoin de lui ! » Autres lieux, autres mœurs – en l'occurrence, celles d'un autocrate. Mais la formule pourrait s'appliquer à notre monarchie républicaine.

J'ai croisé une première fois la candidate en 2009, lors d'un déjeuner au ministère de l'Enseignement supérieur où elle avouait dormir trois heures par nuit, tant la pression était forte. Je l'ai revue ensuite à plusieurs reprises, avec mes confrères de la presse régionale, dans sa forteresse futuriste qui domine la Seine-Saint-Denis. Et puis, à l'été 2021, à l'occasion d'un dîner en Bretagne organisé par le président du conseil départemental du Finistère, Maël de Calan, j'ai décidé de me lancer. Je ne m'étais intéressé jusqu'alors qu'aux grands fauves de la politique – Chirac, Sarkozy, Hollande… –, et voilà que surgissait Jeanne d'Arc avec un mental d'acier. J'ai eu envie d'approfondir ma compréhension de sa personnalité en multipliant rencontres, coups de fil et en la suivant sur le terrain. Notamment en Corrèze, berceau de la famille de son mari et terre de présidents, dans un paysage magnifique de forêts et de lacs où elle aime se ressourcer loin du tourbillon parisien.

La présidente du conseil régional d'Île-de-France, désormais candidate des Républicains à la présidentielle, et qui se proclame « au barycentre » de la droite, un terme qui fleure bon la science politique, reste encore peu connue. On la croit lisse et sans aspérités. Elle est souvent sous-estimée, de sorte qu'on ne la voit généralement pas venir. Découvrons-la et, à travers elle, cette ambition de réinventer la France, ou du moins d'en finir avec l'impuissance de ses dirigeants.

Première partie

L'APPRENTISSAGE

1

Le médecin qui soignait les âmes

De son grand-père paternel, décédé lorsqu'elle avait quatre ans, Valérie Pécresse ne conserve que des souvenirs fugaces. Louis Roux tenait une mercerie à Gap (Hautes-Alpes), qui faisait figure de caverne d'Ali Baba aux yeux de la petite fille qu'elle était. Dans son entrepôt, elle s'amusait à ouvrir des cartons remplis de chaussettes et de dessous, tout en respirant la bonne odeur de vin chaud à la cannelle qui chauffait sur le poêle. Son grand-père maternel, en revanche, lui insuffla sans doute une grande partie de ce qu'elle est devenue.

Psychiatre de renom, Louis Bertagna représente un élément essentiel du roman familial de la candidate à la présidentielle 2022. Né en mars 1920 à Sarrebruck (Allemagne), où avait été envoyé pour son travail son père ingénieur des mines d'origine corse, Louis apprend l'allemand dès son plus jeune âge, sans savoir que cet acquis linguistique lui sera utile quelques années plus tard. De retour en France, le jeune homme poursuit ses études chez les jésuites, puis à la faculté de médecine de Paris. « Il voulait être pilote, mais il n'a pas pu car il était daltonien, indique sa fille Catherine[1]. C'est l'intérêt qu'il portait aux autres qui l'a poussé vers la médecine. »

1. Entretien avec l'auteur, 15 décembre 2021.

Encore étudiant, il entre dans la Résistance contre l'occupation allemande, en novembre 1940. Avec sa jeune épouse, Élisabeth, il rejoint le réseau Comète, qui vient en aide à des pilotes alliés venus clandestinement sur le territoire national. Les membres de ce groupe, qui opèrent en France et en Belgique, fournissent des vêtements et des faux papiers aux soldats qu'ils logent souvent à leur propre domicile, avant de les aider à regagner Londres. Un jour, le couple Bertagna dissimule un parachutiste britannique dans la chambre où dort leur fille en bas âge, Catherine, la future mère de Valérie. Le réseau est infiltré par des agents des services nazis, provoquant l'arrestation de plusieurs dizaines de soldats alliés. Alors que de nombreux individus qui avaient œuvré pour le réseau sont déportés, les époux Bertagna parviennent à passer entre les mailles du filet.

Dans la Résistance, Louis Bertagna se livre à des activités de renseignement, où sa connaissance de la langue de Goethe se révèle précieuse. À partir d'août 1944, lui et son épouse participent à la rédaction de la publication clandestine *Témoignage chrétien*, dans leur appartement qui sert un temps de base opérationnelle. En septembre 1944, Louis rejoint en tant que médecin de bataillon la 1re armée française, qui regroupe les unités militaires sous les ordres du général de Lattre de Tassigny, en charge de libérer le territoire hexagonal. « Mon grand-père m'a appris que le courage était une valeur cardinale, soutient Valérie Pécresse. Là où une juste appréciation de la situation conduirait à être prudent, les héros ont le mépris du danger[1]. »

---

1. *D2ux Mille Vingt-D2ux. La fabrique de la présidentielle, acte I*, Robert Laffont, novembre 2021 : Clément Pétreault, « Valérie Pécresse, au nom du grand-père ».

Bien après la Libération, Louis Bertagna sera décoré de la Légion d'honneur pour actes de résistance et restera gaulliste jusqu'à la fin de son existence. Il achève ses études de médecine en 1946, passant l'agrégation avec 40 °C de fièvre, et effectue son internat en neuropsychiatrie. Dans les années qui suivent, Élisabeth devient pédiatre et Louis, psychiatre spécialiste du traitement des états dépressifs. En 1951, il prend le poste de chef de clinique à la faculté de médecine de Paris, puis occupe la fonction de chef de service en endocrinologie à l'hôpital Cochin. Au cours de sa carrière, il exercera dans le secteur libéral où il se taillera rapidement une réputation de praticien atypique de la psychiatrie.

À trente ans, père de cinq enfants, Louis Bertagna a déjà une patientèle importante. Son gendre Dominique Roux, père de Valérie, le résume ainsi : « Il détectait assez vite si vous étiez con ou intelligent. Il adorait faire de l'humour et disait volontiers : "Je soigne à l'œil" », c'est-à-dire : « Je vois de quoi souffre un patient au premier coup d'œil[1]. » À l'aube des années 1960, il se consacre aux traitements contre la dépression et les troubles bipolaires. Lors de la décennie suivante, il fera figure de principal promoteur des sels de lithium, un traitement pour les psychoses maniaco-dépressives. « Il a été le premier à comprendre l'utilité du lithium en France, explique sa fille Catherine, qui l'assiste à son cabinet parisien, rue de Courcelles. Ce traitement était né du constat qu'il n'y avait jamais de dépressif dans les sanatoriums. Mon père diminuait l'amplitude des cycles et cela permettait à ses patients de mener une vie normale[2]. »

1. Entretien avec l'auteur, 10 décembre 2021.
2. *Ibid.*

Louis Bertagna stocke chez lui les boîtes de lithium qu'il se procure à l'étranger. Cette thérapie, mise au point depuis peu au Danemark, est alors considérée avec suspicion par les ténors de la neuropsychiatrie. Certains praticiens opposés à son traitement de la dépression l'accusent de droguer ses patients et le privent de carrière hospitalière. Aux yeux des psychanalystes, pour certains d'extrême gauche, ce médecin ouvertement gaulliste devient une cible symbolique. Certains vont jusqu'à lui passer des appels téléphoniques anonymes en pleine nuit. Il n'en a cure : à contre-courant, il continue de faire la promotion des antidépresseurs, qui ne cessent de donner des résultats positifs dès lors qu'on les administre correctement aux malades. Il fera de la reconnaissance de la dépression nerveuse comme maladie l'un de ses combats majeurs. « Mon grand-père était un pionnier de la psychiatrie, à une époque où l'on conseillait encore aux dépressifs de prendre sur eux et de s'aérer, affirme Valérie Pécresse[1]. Il a introduit les antidépresseurs et contribué à la découverte de la bipolarité. »

Des patients nommés Malraux et Gary

Charismatique et tout entier voué à ceux qu'il soigne, Louis Bertagna voit sa réputation grandir au fil des années. Ses patients l'adorent. Parmi eux, qu'il surnomme ses « paroissiens », il compte notamment le ministre de la Culture, André Malraux, l'écrivain Romain Gary, la comédienne Jean Seberg, l'humoriste Raymond Devos ou encore Jacques Chaban-Delmas. La relation qu'il entretient avec

1. *Le Monde*, 21 mars 2016.

ces figures de l'intelligentsia dépasse largement le strict cadre médical. Au point que le docteur les conviera au mariage de sa fille Catherine avec Dominique Roux. Dans son roman *L'Angoisse du roi Salomon*, publié sous le pseudonyme d'Émile Ajar en février 1979, Romain Gary reprendra plusieurs de ses échanges avec Louis Bertagna. Son psychiatre était l'un des rares à savoir que Gary était Émile Ajar, un secret qu'il ne dévoila à personne. L'écrivain se donnera la mort d'une balle de revolver dans la bouche en décembre 1980. Louis en conservera une profonde blessure. Il n'avait pu éviter le drame.

Lorsque Malraux traverse une grave dépression au milieu des années 1960, suite au décès de ses deux fils dans un accident de voiture et à sa séparation avec son épouse Madeleine, c'est dans le cabinet de Louis Bertagna qu'il trouve le réconfort. Il lui aurait sauvé la vie, tant l'écrivain était désespéré. André Malraux utilisera lui aussi ses discussions avec le psychiatre dans *Lazare*, un récit autobiographique qui revient sur son hospitalisation pour troubles neurologiques en 1972. Devenu l'un de ses plus proches amis, c'est aussi le psychiatre qui décidera d'une nouvelle hospitalisation dans un service de réanimation après son embolie pulmonaire de novembre 1976, quelques jours avant son décès. Louis Bertagna dira au sujet de l'équipe médicale qui accompagna l'auteur de *La Condition humaine* dans ses derniers moments : « Tous, sans exception, ont été conquis par ce malade exceptionnel. C'était le patient le plus docile, le plus simple et le moins exigeant[1]. » Un hommage pudique et le témoignage de son admiration.

1. *Le Monde*, 24 novembre 1986.

Enfant, Valérie Pécresse passe beaucoup de temps avec ses grands-parents maternels et croise régulièrement ces illustres patients. Vers l'âge de sept ans, elle accompagne sa famille lors d'une visite chez André Malraux, à son domicile de Verrières-le-Buisson. Elle n'en conserve que le souvenir d'un vieux monsieur qui l'appelait « mon petit chat ». La jeune fille a très vite voué un profond respect à son grand-père. Elle songe un temps à devenir psychiatre comme lui. « Je voulais être médecin des âmes, pas soigner les corps », confie-t-elle[1]. Plus que la médecine, c'est avant tout le soin qu'il portait aux autres qui fait naître en elle cette éphémère vocation. « Ses patients l'aimaient et le mot est faible, dit-elle à son propos. Il avait une consultation à l'hôpital Cochin pour soigner sans distinction ceux qui n'avaient pas les moyens d'une consultation privée et recevait ses patients dans son appartement parisien de la Plaine Monceau, qu'il avait complètement réaménagé en fonction des malades[2]. »

Petite, Valérie était souvent gardée au domicile de ses grands-parents. Lorsque Louis Bertagna travaille, elle reste dans la pièce principale où une immense bibliothèque s'étend sur deux pans de mur. Elle se cache parfois derrière le rideau pour observer son grand-père à la tâche. Un jour, Valérie voit sa grand-mère rester un long moment au téléphone avec un patient qui menace de se suicider. Élisabeth Bertagna s'efforce de le conserver en ligne le plus longtemps possible, tandis que son époux appelle les secours sur un autre appareil. Cette scène va la marquer à jamais. « Mon grand-père a sauvé des vies, affirme-t-elle. Son exemple est toujours pour nous source d'inspiration. Il venait conforter

1. Entretien avec l'auteur, 23 décembre 2021.

2. Valérie Pécresse, *Et c'est cela qui changea tout*, avec Marion Van Renterghem, Robert Laffont, 2019.

une conviction forte chez moi, un fil rouge qui est peut-être un versant de mon catholicisme : l'idée que la vie m'a beaucoup donné et qu'en échange il va de soi qu'on doit donner aux autres[1]. »

Au cours de cette époque, la jeune fille croise chez son grand-père un homme dont elle ignore alors tout : Jacques Chirac. Car Louis Bertagna soigne sa fille aînée, Laurence, qui souffre d'anorexie mentale. Le drame de sa vie. Avec un grand dévouement, le psychiatre passe durant des années une à deux heures chaque dimanche avec la fille du futur chef de l'État. Jacques Chirac ne l'oubliera pas.

Valérie grandit et les échanges avec son grand-père gagnent en intensité. Il lui relate des cas de femmes qui subissent des violences conjugales, d'enfants victimes d'inceste. Elle est impressionnée par sa capacité à conserver son sens de l'humour tout en se confrontant quotidiennement à la face noire de l'humanité. Jamais ils ne se querellent. Elle s'imprègne de sa philosophie de vie, considère que son grand-père lui a appris à se méfier des lieux communs et à fuir le prêt-à-penser. À ne pas juger les individus, lui qui ne condamne jamais personne. Il lui enseigne que la dépression n'est pas « une maladie de poètes », mais qu'elle peut frapper n'importe qui, les riches comme les pauvres, les forts comme les faibles. Au fil des interviews, elle prétend souvent que ce sont leurs échanges qui ont en partie guidé son ambition politique. « J'ai toujours envie de réparer les gens qui ont des problèmes, glisse-t-elle. Faire de la politique, c'est aussi un peu soigner les âmes[2]. »

1. *Ibid.*
2. *D2ux Mille Vingt-D2ux, acte I*, *op. cit.*

Au cours de sa carrière, Louis Bertagna contribuera à plusieurs publications en psychiatrie, notamment un livre d'entretiens avec Monique Vigy[1]. Le médecin poursuivra son activité jusqu'à son dernier souffle. « Il appartenait à cette génération qui considérait que l'on ne se sépare jamais de son psychiatre[2] », précise sa petite-fille. Il meurt le 28 octobre 2006 à l'âge de quatre-vingt-six ans. Un peu moins d'un an plus tard, Valérie Pécresse fait son entrée au gouvernement. Comme un signe du destin, son premier ministère est celui de l'Enseignement supérieur et de la Recherche. De quoi nourrir des regrets que Louis soit mort six mois avant sa nomination. Son grand-père lui a appris la fragilité des êtres et la résilience. « La politique, c'est beaucoup plus compliqué qu'on ne le croit. Et il faut avoir des fondamentaux très solides », dit-elle[3].

1. *Dépression et... couple*, Ardix médical, 1995.
2. *Ibid.*
3. Entretien avec l'auteur, 23 décembre 2021.

2

Dominique Roux, l'électron libre

Un autre homme a marqué la personnalité de Valérie Pécresse : son père. Universitaire et dirigeant d'entreprise, Dominique Roux est un personnage atypique, truculent, au curriculum vitae impressionnant. Un bel exemple de méritocratie républicaine. Il a enseigné à l'université Paris-Dauphine, à celle de Dijon, à HEC, à Sciences Po Paris, dans une université d'Abidjan. Mais il a aussi créé un master des télécoms et médias, un autre de management du numérique et a dirigé le Groupe de recherche économique et sociale (GRES).

Cet homme au verbe haut, qui semble avoir eu mille vies, a aussi été membre du Collège de l'Autorité de régulation des télécommunications, du Comité stratégique sur la télévision du futur et administrateur de RFO. Il a présidé Bolloré Telecom, la filiale française du groupe Global Financial, ou encore l'association Signal Spam. Aujourd'hui, à soixante-dix-huit ans, Dominique Roux est toujours membre du Cercle des économistes et poursuit certaines activités professionnelles. Une carrière riche, sans pour autant atteindre les sommets. « Il aurait voulu faire de la politique, je l'en ai empêché, relate son épouse Catherine Roux. Au début de notre mariage, on lui avait proposé la députation dans les

Hautes-Alpes[1]. » L'ambition contrariée du père aurait-elle été un élément moteur de la trajectoire de la fille ?

Un exemple d'ascension républicaine

Le parcours de Dominique Roux n'était pas écrit d'avance. Il naît à Gap (Hautes-Alpes), le 1er mai 1943, petit-fils d'un natif du village de Saint-Martin-d'Entraunes, près de La Vésubie. Lorsque, le 6 décembre 2021, Valérie Pécresse retournera à Saint-Martin-Vésubie, sur les terres d'Éric Ciotti, elle déclarera : « Je reviens chez mes ancêtres. »

Le grand-père a un petit commerce de colporteur qui lui fait sillonner les trois départements alentour. Des tournées au sud, vers Nice, ou au nord, vers Gap et Barcelonnette. Il épouse la fille d'un riche fabricant de bonneterie. À cette époque, avant l'apparition des grandes surfaces, un tel commerce vaut de l'or. Le père de Dominique, Louis Roux, travaille dans le commerce familial, avant de remplir ses obligations militaires lors de la Première Guerre mondiale. Il ne subit réellement que deux mois de guerre : blessé à Amiens, il est fait prisonnier et détenu durant quatre ans au camp de Cassel, en Allemagne. Alors que nombre de ses camarades meurent du typhus, il y survit, sauvé par la Croix-Rouge suisse. Il revient en 1918 à Gap pour reprendre l'entreprise Roux frères et aura sept enfants.

Le dernier, Dominique, naît au milieu de la Seconde Guerre mondiale, alors que le Sud de la France est occupé

1. Entretien avec l'auteur, 15 décembre 2021.

par l'armée italienne. Sa mère, qui avait donné naissance à son fils aîné vingt-deux ans auparavant, se croyait alors ménopausée. « Je suis un petit ravisé, l'enfant du miracle », en rit Dominique Roux[1]. En ces temps de guerre, les restrictions alimentaires pèsent sur la famille nombreuse. Avec les cousins, la famille Roux accueille pas moins d'une quinzaine de personnes autour de la table. « Il fallait trouver de quoi nourrir toute cette tripotée, se souvient Dominique. Dans les Alpes, mon père connaissait tous les bleds où il pouvait faire du troc[2]. »

Après la Libération, Dominique est placé très jeune chez les curés de Notre-Dame du Laus où, selon la légende, la Vierge Marie serait apparue à une bergère au XVIIe siècle. « C'était très dur, se souvient-il. On bouffait mal et la discipline se faisait à coups de pied au cul », confie ce personnage haut en couleur, parfois colérique mais digne d'un roman de Pagnol. Sa mère l'envoie ensuite chez les jésuites à Avignon. « Par comparaison, c'était le paradis », estime-t-il. Un paradis très relatif tout de même ! La nuit, le jeune garçon craint tant l'obscurité qu'il ne parvient pas à dormir. Pour le punir, le prêtre chargé de surveiller les pensionnaires l'enferme dans un local qui sert d'atelier photographique. Alors que l'ecclésiastique refuse de le laisser sortir pour uriner, le petit garçon menace : « Soit vous me laissez aller aux toilettes, soit je pisse sur votre matériel de photo. » À la première occasion, le garçon prend la fuite et trouve refuge chez un ouvrier des environs qui prévient le père de l'enfant. « Mon père est allé voir le curé pour lui dire : "Alors comme ça, vous avez

1. Entretien avec l'auteur, 10 décembre 2021.
2. *Ibid.*

perdu mon fils ? » Sa mère, Émilie, militante à l'Action catholique des femmes, réglera le problème avec l'évêque.

Le jeune homme réussit sa scolarité. « J'étais bon un peu en tout, indique-t-il. Je faisais du grec, du latin et des maths. » Les jésuites l'apprécient, d'autant plus qu'il révèle des dispositions pour le sport. Dans un milieu où l'on prône le *mens sana in corpore sano* (« un esprit sain dans un corps sain »), cela compte. À dix-sept ans, l'adolescent joue au handball en première division et aurait pu en faire sa profession. Mais il ne sait pas vraiment vers quel métier s'orienter. Au sein de sa famille, les exemples ne manquent pourtant pas : l'un de ses frères est biologiste, un autre est en école de commerce, un troisième militaire, un quatrième créera les pressings 5 à Sec. « Tout le monde avait son idée sur la voie que je devais emprunter, explique Dominique. Mon père voulait que je sois expert-comptable. J'ai choisi d'aller à la fac d'Aix pour ne pas faire de prépa. »

À l'université, le jeune homme devient président de la corporation des étudiants. « Mon homologue en Lettres était Philippe Séguin », se souvient-il. Les deux hommes se reverront par hasard des années plus tard, à l'occasion d'un dîner professionnel. « Dès qu'il m'aperçoit, Séguin me lance : "Putain, c'est toi !" et ne s'adresse plus qu'à moi, malgré la présence de son voisin de table, un banquier de Lazard, auquel il tournera le dos toute la soirée. »

À l'âge de vingt ans, Dominique monte à Paris et s'inscrit à la Sorbonne. « Les études d'économie n'existaient pas encore, précise-t-il. Mais les profs de cette discipline me faisaient bien plus rêver que les vieux juristes. Il y avait Raymond Barre, Jean-Marcel Jeanneney, Émile James... Des stars dont je lisais les livres. Barre nous faisait travailler sur les thèmes de son troisième ouvrage. » À la faculté, l'étudiant est vite chargé de travaux dirigés. Il effectue ensuite un stage à la Banque de l'Union européenne industrielle et financière, qui appartient au groupe Empain-Schneider. « Mon patron m'a d'abord demandé de venir à mi-temps, puis, au bout de trois mois, il m'a proposé de rester. »

De l'université au groupe Bolloré

La rencontre des parents de Valérie Pécresse est l'histoire d'un coup de foudre. « Un copain originaire de Gap me présente deux filles formidables en me disant : "Ne regarde pas la brune, mais la blonde", relate Dominique Roux. Mais je n'ai eu d'yeux que pour la brune. » Elle se nomme Catherine Bertagna, a vingt-deux ans, a fait un an d'hypokhâgne et un an de Sciences Po avant de tout plaquer. Les deux jeunes gens tombent amoureux et se marient un an plus tard, en 1966, à l'église Saint-Philippe-du-Roule. Dominique Roux entre ainsi dans la famille Bertagna. Neuf mois après le mariage, le 14 juillet 1967, le couple accueille son premier enfant : Valérie.

Éloigné des événements de Mai 68 pour cause de service militaire, Dominique Roux entre en tant que professeur d'économie à l'université Paris-Dauphine, née de la loi d'Edgar Faure destinée à transformer l'université française après la révolte estudiantine. Dauphine a pour objectif de réduire la distance entre les études supérieures et le monde de l'entreprise. L'enseignement prend la forme d'une approche combinée de disciplines comme l'économie, le droit, la sociologie, la gestion, le marketing ou l'informatique. Le Centre universitaire est situé dans les anciens locaux du commandement de l'Alliance atlantique, laissés libres depuis la décision du général de Gaulle de quitter l'organisation militaire intégrée. Il ne dispose que d'un seul grand amphithéâtre, mais d'une multitude de salles de cours, ce qui correspond parfaitement à la volonté pédagogique de privilégier les travaux en petits groupes.

« J'ai été l'un des fondateurs de Dauphine, explique Dominique Roux. Pour son développement, l'université a pu compter sur deux pères Noël : François Bloch-Lainé, le patron du Crédit Lyonnais, et Marcel Boiteux, celui d'EDF, qui ont accepté de nous aider. Dauphine a pris son élan en recrutant des profs compétents, à qui l'on donnait le titre de "professeur associé", ce qui plaisait beaucoup à certains comme Jacques Attali. » Ce que ne dit pas Dominique Roux, c'est qu'il a une sainte horreur des grandes écoles désincarnées. Il aime ses étudiants qui, en retour, le plébiscitent. « Il choisit pour travailler avec lui des profils lunaires – une chanteuse, un Coréen, un cancre... – qui n'ont *a priori* aucune compétence, à l'opposé des cursus. Il est dans l'affect, l'humain. C'est quelque chose qui disparaît », dit aujourd'hui de lui Alexandre Halimi, l'un de ses anciens élèves.

Bien moins engagée politiquement que la bouillonnante université de Vincennes, elle aussi née de la loi Faure, Dauphine présente une autre singularité : la sélection. Dès son origine, l'université impose une mention au baccalauréat pour être admis, ainsi qu'un test de mathématiques aux bacheliers littéraires. Une marque de fabrique qui persistera au fil des décennies, consacrant l'établissement comme un concurrent direct des écoles de commerce. Spécialisé dans le numérique et les nouvelles technologies, Dominique Roux enseigne à Dauphine tout en étant chroniqueur à RTL avec Roger Priouret. Également professeur durant quinze ans à

HEC, il donne des cours aux étudiants de Sciences Po, « les petits cons de la rue Saint-Guillaume ».

En 1997, il devient membre de l'Autorité de régulation des télécoms, imposée par l'Union européenne. « J'ai fait deux ans, puis j'ai été renommé pour six ans par Lionel Jospin, dit-il. J'aurais dû partir au CSA. » Quelques années plus tard, sa carrière va prendre une autre tournure. « Un jour, Vincent Bolloré m'appelle et me dit : « Je veux me lancer dans les télécoms », puis : « J'achète Bouygues. » Je lui réponds : « Tu as vu le prix ? Achète plutôt des fréquences. » Finalement, il me demande d'en acheter pour lui. J'en obtiens onze. Au lieu de me féliciter, il me réplique : "J'en veux vingt-deux." On les a toutes rachetées et il m'a nommé à la tête de sa société de télécoms. » Devenu président de la filiale Bolloré Telecom en 2007, Dominique Roux travaillera durant sept ans avec l'homme d'affaires, hésitant à le quitter pour rejoindre Patrick Drahi. Resté en bons termes avec le magnat breton, il témoigne de son agacement lors d'un dîner à l'Élysée, quand Brigitte Macron demande à Vincent Bolloré : « Qu'est-ce qu'on peut faire pour vous ? » « C'était plutôt l'inverse qu'il fallait lui demander ! », juge-t-il, relativisant le pouvoir du politique face à ces hommes d'affaires sans frontières.

Certaines des expériences professionnelles de Dominique Roux se sont révélées plus folkloriques : « J'ai monté une école de management au Congo, au Sénégal et en Côte d'Ivoire. Là-bas, ils sont insupportables : dès que ça marche, ils estiment ne plus avoir besoin des Blancs et ensuite ça se casse la gueule. » Il n'empêche. Ces expériences en Afrique laissent des souvenirs inoubliables à ceux qui l'ont accompagné pour donner des cours. « Au Gabon, il a vécu au cœur des querelles de pouvoir, parce qu'il connaissait

Pascaline Bongo qui était étudiante à Dauphine. Ce qui ne l'empêchait pas de s'engueuler sur les routes avec les flics qui voulaient le racketter. “On ne dînait pas dans les restaurants de luxe, mais plutôt dans les petits maquis comme Chez Marie qui fait chaud, en dégustant des langoustes avec des bananes frites. À un moment, il s'est demandé s'il n'allait pas acheter un resto sur la plage », poursuit Alexandre Halimi.

Le rêve d'un père

Avec sa fille, Dominique Roux partage nombre de centres d'intérêt. « Je suis un grand amateur de peinture et elle a rencontré beaucoup d'artistes, comme Hans Hartung, Olivier Debré ou Jean Hélion », souligne-t-il. Pour autant, leur relation n'est pas toujours sereine. « Dominique est soupe au lait, c'est un macho, soutient Catherine Roux. Avec Valérie, ça peut faire des étincelles. » « Ma femme est très intelligente, mais elle est bourgeoise, donc elle a une grande confiance dans le jugement de sa fille », avance de son côté Dominique Roux. Écoutons à l'inverse la fille évoquer la personnalité de sa mère d'origine corse, et dont le grand-oncle fut député maire à Bastia: « Elle est perfectionniste à l'extrême. Elle ne voit que le détail qui cloche. Elle est très anxieuse, mais totalement dévouée à son mari et à ses enfants[1]. »

Depuis le début, le père suit avec une extrême bienveillance le parcours de sa fille. « Je suis allé à plusieurs de ses meetings, mais c'est son père qui la soutient le plus », précise

1. Entretien avec l'auteur, 23 décembre 2021.

Catherine Roux. « Dominique Roux est son premier supporter », confirme Jérôme Pécresse. Au-delà de l'affection filiale, il est souvent impressionné par le côté maternel dont elle fait preuve en politique. Une empathie qui lui vient de son enfance au contact de son grand-père. « Valérie s'occupe des autres dans le moindre détail. Quand elle était simple députée, à Versailles, une délégation de femmes était venue la voir pour se plaindre que leurs enfants en avaient marre de manger du chou à l'école. Elle avait alors lancé au maire : “Pourquoi mets-tu systématiquement des choux de Bruxelles à la cantine ?” Il lui avait répondu benoîtement : “C'est le directeur de l'école qui a dû trouver un lot.” »

La fierté du père est à son comble quand sa fille fait son entrée au gouvernement en 2007. « Elle m'appelle pour me dire : “Ça y est, je vais être ministre ! Mais tu ne le dis absolument à personne pour l'instant.” J'ai eu une petite larme. Ma fille était ministre, qu'est-ce que vous voulez[1]... » Dominique Roux appelle aussitôt ses six frères et sœurs pour leur annoncer la nouvelle, faisant jurer à chacun d'entre eux de ne pas le répéter. L'information n'est pas restée secrète longtemps...

Se reconnaît-il dans sa fille ? « Toute ma vie, je n'ai eu peur de rien. Elle non plus. » Il est même souvent bluffé par son sang-froid. Alors qu'elle vient d'assister à un match de football PSG-OM au Parc des Princes avec son père, sa voiture est prise à partie par des supporters. « Ils ne savaient pas à qui ils s'en prenaient, mais ils avaient repéré la cocarde tricolore sur le véhicule, raconte Dominique Roux. J'étais pété de trouille, tandis qu'elle continuait à téléphoner comme si de rien n'était. » Les menaces peuvent parfois se

1. « Une ambition intime », M6, 7 novembre 2021.

révéler plus inquiétantes. « Quand Valérie était députée, un homme qu'elle ne connaissait pas assistait à toutes ses réunions publiques, révèle son père. Un jour, alors qu'elle était chez elle, son mari lui a dit que le type était juste devant la maison. » L'individu sera interpellé.

Depuis sa candidature à la présidentielle, l'exposition de Valérie Pécresse est encore montée d'un cran. « On a très peur pour elle avec sa mère. Il faut qu'elle ait quatre ou cinq gardes du corps », s'emporte Dominique Roux qui ne voit rien venir. Un dispositif de sécurité élargi dont elle bénéficie désormais. « Le problème sera de tenir le choc physiquement durant la campagne, poursuit-il. Je crains aussi les boules puantes. » Lors de la bataille pour l'investiture des Républicains, il goûtait peu que certains envisagent la défaite de sa fille, comme le père de son gendre. « Le père Pécresse n'est pas très malin, ironise-t-il. L'été dernier, il m'a dit : "Michel Barnier coche toutes les cases." Merde ! »

En 2013, lors d'une interview croisée avec sa fille pour l'hebdomadaire *Marie Claire*, à la question : « Lui dites-vous "je t'aime" ? », Dominique Roux avait répondu : « Ce n'est pas mon genre. » Une pudeur qui ne l'a pas empêché d'être un soutien actif de sa fille, plaidant à l'occasion sa cause dans les antichambres du pouvoir. Mais aussi une exigence de dépassement.

Au premier plan de la vie politique française, elle a réalisé les rêves de son grand-père, nourris de l'épopée gaulliste et de son mentor de père, deux hommes qui auront côtoyé le monde politique sans vraiment y plonger.

3

Jeune et jolie à l'assaut de l'Ena

Lorsqu'un enfant commence à marcher dès l'âge de neuf mois, on a coutume de dire qu'une telle précocité est le signe annonciateur d'une aptitude intellectuelle supérieure. Dans le cas de Valérie Pécresse, c'était vrai. « En tant que psy, mon père a compris très vite que Valérie était surdouée, suggère Catherine Roux. Elle était très mignonne. C'était le premier des petits-enfants de la famille, donc tout le monde était en admiration devant elle. »

Vers quatre ans, la fillette demande souvent à son père de lui faire des dessins. Peu inspiré, celui-ci lui trace les lettres de l'alphabet l'une après l'autre. Un an plus tard, alors que Valérie passe des vacances chez ses grands-parents maternels, sa grand-mère téléphone à Catherine Roux pour lui dire : « Ta fille sait lire *Astérix* toute seule ! » Par crainte qu'elle ne développe une dyslexie, sa mère l'emmène à l'école Sainte-Marie de Neuilly, qu'elle avait elle-même fréquentée. La directrice lui fait part de son diagnostic : elle est du niveau de la dixième, l'équivalent de l'actuel CE1. La décision est donc prise : Valérie fera sa rentrée en onzième (CP) au lieu du jardin d'enfants.

À la maison, les parents de Valérie écoutent Cat Stevens et reçoivent leurs amis universitaires pour refaire le monde dans des volutes de fumée. « On était très jeunes, on voulait vivre, explique Catherine Roux. Valérie n'était pas l'enfant roi qu'on a parfois à quarante ans. Elle s'est élevée un peu toute seule. Mais on était là quand il y avait des choix à faire. » La famille habite au rez-de-chaussée d'un immeuble de Neuilly, une commune bien moins huppée qu'aujourd'hui. Qu'importe : cette image collera à Valérie Pécresse tout au long de sa carrière politique. « Le cliché de Neuilly ne résume pas mon histoire, argue-t-elle. Il est d'ailleurs savoureux de noter qu'aucun de ceux qui me caricaturent ainsi n'a jamais reproché à François Hollande ni à Dominique Strauss-Kahn d'avoir, eux aussi, grandi à Neuilly[1] ! »

À l'école, Valérie se montre timide et souvent anxieuse. À tel point qu'en CE2, une institutrice lui affirme que si elle reste aussi émotive, il lui sera difficile de passer son bac plus tard... Son enfance est plutôt solitaire. Et croyante. « Un jour elle me dit : “Quand j'étais petite, Dieu était pour moi le père Noël. En grandissant je me suis demandé s'il existait”[2] », raconte son amie d'enfance Fabienne Chol, ex-Raab, qu'elle a connue à Sainte-Marie où elle a fait sa scolarité.

Mais Valérie grandit. Elle passe ses vacances à Gap et Antibes, chez les frères et la sœur de son père. Puis chez ses grands-parents Bertagna, qui louent une maison à Cabourg. Et enfin à Villeroy, près de Sens, chez la sœur de sa grand-mère où elle retrouve ses cousins. Si elle s'imagine un temps psychiatre comme son grand-père, elle a aussi des aspirations

1. *Et c'est cela qui changea tout*, *op. cit.*
2. Entretien avec l'auteur, 25 janvier 2022.

plus proches des filles de son âge. Fan d'Isabelle Adjani, elle se rêve parfois actrice et se donne le premier rôle dans de courtes pièces de théâtre écrites lors des vacances d'été. Elle les joue devant ses cousins, aux yeux desquels elle est « la Parisienne ». Elle chante aussi en play-back « Nini la chance » d'Annie Cordy ou « Alexandrie Alexandra » de Claude François.

Mais c'est dans les livres que Valérie passe la plus grande partie de son enfance et de son adolescence. « Elle était seule, n'avait pas de cousins de son âge, donc elle bouquinait », résume sa mère. Très tôt, elle lit les ouvrages des célèbres patients de son grand-père : *La vie devant soi*, *Chien blanc* et *La Promesse de l'aube* de Romain Gary, ainsi que *La Condition humaine*, *L'Espoir* et *Le Musée imaginaire* d'André Malraux. « Je passais mon temps à tenter de la faire sortir de ses livres pour qu'elle ne devienne pas un rat de bibliothèque », confie Catherine Roux[1]. « Elle lisait énormément, renchérit son père. À table, on lui disait : "Enlève ton livre de tes genoux." Elle lisait à la fois Proust, Tolstoï et des conneries. Elle allait aussi beaucoup au théâtre. »

« Ma mère trouvait que j'étais très garçon manqué, précise Valérie Pécresse. Elle considérait qu'il fallait que je sois plus coquette. Je n'aimais ni la couture ni la cuisine. J'ai appris à la faire pour occuper les enfants le dimanche. » Son petit frère, Alexandre, né six ans après elle, révélera de son côté un talent pour le tennis, qu'il pratiquera en compétition avant de devenir banquier d'investissement au CCF, puis chez General Re à Londres, avant d'achever sa carrière sur les marchés financiers chez Natixis. Ayant tourné la page en devenant entrepreneur, il rachète des

1. Entretien avec l'auteur, 15 décembre 2021.

caves à vin en région parisienne et travaille avec des petits propriétaires. Il adore sa grande sœur qui s'est beaucoup occupée de lui, même si, à l'adolescence, l'écart d'âge était important. « C'est quelqu'un d'assez exceptionnel qui a une vraie attention pour les autres depuis toujours, dit-il. Quand on regardait l'Eurovision, elle organisait des jeux autour de ça. »

Un enthousiasme éphémère pour François Mitterrand

Dans cette famille au fort engagement catholique-social, dont les sympathies vont du gaullisme au centre-droit, on discute volontiers politique. Parfois le dialogue vire aux joutes verbales, surtout quand certains des cousins socialistes ou communistes sont présents. Lors de la campagne présidentielle de 1981, les discussions chez ses grands-parents maternels se tendent plus qu'à l'accoutumée. À l'âge de treize ans, Valérie n'entend pas grand-chose aux stratégies politiciennes, mais les débats la passionnent. Pas insensible au charisme de François Mitterrand, le 21 mai, elle décide d'assister avec Fabienne Raab, sa meilleure amie, à la cérémonie d'intronisation du nouveau président de la République au Panthéon. La voici au premier rang, collée aux barrières de sécurité. Elle trouve le moment « émouvant ». Le charme s'estompera assez vite. Si elle est séduite par l'abolition de la peine de mort, qui dépasse à ses yeux les clivages politiques, l'adolescente perçoit la déception de ses parents face à la vague de nationalisations décidée par le gouvernement socialiste. Sa famille ne se montre pas plus convaincue par l'irresponsabilité budgétaire des premières années que par le blocage des prix et des revenus qui en résulte après le tournant de la « rigueur ». Lequel, en 1983, marque la fin des illusions. En 1986, lorsque des députés Front national entreront en nombre à l'Assemblée nationale, elle en voudra à François Mitterrand d'avoir offert une telle tribune à l'extrême droite en ayant institué la proportionnelle aux législatives avec un certain cynisme.

Face à l'obstacle, la jeune fille n'hésite jamais à redoubler d'efforts. « En première, j'ai eu des difficultés en maths, explique-t-elle[1]. Et on a commencé à me renvoyer à mon statut de fille, nécessairement destinée aux études littéraires. Je suis très orgueilleuse, je ne supporte pas que l'on me rabaisse. Je me suis plongée dans les bouquins de maths et physique, j'ai fait tous les exercices corrigés. » À seize ans, elle décroche son bac scientifique avec mention bien. Sa mère, qui avait interrompu ses études, insiste pour qu'elle « gagne sa liberté » et devienne une femme indépendante financièrement. Elle réfléchit donc à une formation qui lui permettrait d'exercer un métier dans des délais assez brefs et décide de s'orienter vers une école de commerce.

Lorsqu'elle confie ce choix à sa professeure de philosophie de terminale, à qui elle voue une vive admiration, c'est la douche froide : « Une école de commerce ? Quel gâchis ! Vous n'allez quand même pas vendre des lessives ! Vous devez donner un supplément d'âme à votre vie[2]. » La jeune Valérie n'ose pas lui rétorquer que son père était lui-même fils de commerçants. La réponse péremptoire de l'enseignante ne la détourne pas de son objectif. Elle s'inscrit en classe prépa à « Ginette » – l'école jésuite Sainte-Geneviève à Versailles – où elle devient pensionnaire.

1. *Le Monde*, 21 mars 2016.
2. *Et c'est cela qui changea tout*, *op. cit.*

« J'étais dans une classe prépa avec 80 % de garçons, raconte-t-elle. Les filles se faisaient renvoyer si on les trouvait dans la chambre d'un garçon, ou même si un garçon venait dans leur chambre. C'était évidemment elles l'élément perturbateur ! Je découvrais mon nouvel univers : un monde d'hommes[1]. »

Elle entre ensuite à HEC, spécialité finance. « Elle y a souffert d'une perte de repères. Car soudain on ne lui demandait plus de travailler. Ce n'était plus stimulant », poursuit Fabienne Chol. En cours, la jeune fille férue de littérature découvre qu'un pays a besoin de la libre entreprise pour prospérer, que la souveraineté d'un État passe avant tout par la santé de son économie. Elle aime le travail d'équipe qu'imposent les cours. « J'ai croisé Valérie à HEC, se remémore l'homme d'affaires Frédéric Lemoine[2]. Elle était en première année et moi en troisième. Elle était très sérieuse. Nous avons participé ensemble aux Belles Feuilles, un groupe d'étude sur les "centres de pouvoir en Europe" fondé par Jean Guyot. On sentait chez elle l'intelligence et l'ouverture[3]. »

Durant son cursus d'HEC, Valérie Roux passe d'innombrables heures à travailler sur l'analyse financière, les statistiques et la comptabilité. Des sujets qui ne la passionnent guère. Pour se nourrir d'autres matières, elle décide d'apprendre le japonais. Elle passera deux étés au pays du Soleil levant. Le premier à Tokyo, où elle réalise une étude de marché pour le groupe Moët Hennessy en faisant goûter la Petite Liquorelle aux jeunes Japonais. Pour le second, elle effectue

1. *Ibid.*
2. Secrétaire général adjoint de l'Élysée sous Chirac de 2002 à 2004, président du directoire du groupe Wendel de 2009 à 2017.
3. Entretien avec l'auteur, 7 décembre 2021.

un stage au sein du service export de Sony. « La direction de l'entreprise lui a proposé de revenir pour un an au Japon en lui offrant la possibilité de travailler ensuite dans le pays de son choix », indique son père. Elle ne donne pas suite.

Dans le cadre de son école, elle effectue un autre stage à l'usine William Saurin de Lagny (Seine-et-Marne), durant lequel elle travaille un temps à la chaîne pour surveiller la mise en conserves de choucroute et la fabrication du pâté de foie. Pour se rendre sur son lieu de stage, elle passe plusieurs heures par jour dans les transports en commun. Elle en profite pour lire *À la recherche du temps perdu*. Lors de sa dernière année d'école, elle effectue son ultime stage d'été dans une banque d'investissement. « À l'époque, tout le monde faisait de la finance, glisse son père. Mais, après son passage chez McKinsey, Valérie a découvert que ce n'était pas pour elle. » Elle ne sera pas une *business woman*.

Valérie Roux sort diplômée d'HEC en juin 1988. Un mois auparavant, avec une bande de camarades, elle a assisté au meeting de Jacques Chirac place de la Concorde, deux jours avant le second tour de l'élection présidentielle qui consacre la réélection de François Mitterrand. Mais, cet été-là, la politique est loin d'être sa première préoccupation. Sa confrontation au monde de l'entreprise ne l'a pas convaincue. Elle a beau avoir toutes les compétences requises pour réussir un brillant parcours professionnel, elle rêve d'un autre destin. Deux récentes lectures ont provoqué en elle une prise de conscience : *Les chênes qu'on abat...* et les *Antimémoires* de Malraux. Elle a désormais l'ambition de participer à la transformation de la société à travers la haute fonction publique. Dans cette perspective, elle va faire l'Ena, contre l'avis de ses parents qui l'auraient bien vue en capitaine d'industrie.

Elle occupe l'amphithéâtre avec son sac de couchage

Alors que l'immense majorité des admis au concours de l'Ena sort de Sciences Po, Valérie Roux choisit de s'inscrire en prép' Ena à l'université Dauphine, dans le fief de son père. Elle dissimule ce changement d'orientation à ses amis d'HEC, qui la pensent alors inscrite aux Langues O' pour parfaire son apprentissage du japonais. À une époque où le service de l'État paraît ringard aux futurs *golden boys* qui se rêvent en Bernard Tapie ou en Paul-Loup Sulitzer, elle n'assume pas encore son choix. Elle travaille d'arrache-pied pour le concours. Elle le réussira, comme tout ce qu'elle a entrepris jusqu'alors. Pourtant, convaincue d'avoir échoué aux épreuves écrites, elle décide de partir en vacances en Indonésie avec un groupe d'amis. Elle rentrera en urgence à Paris sur injonction de son père après avoir appris par un coup de fil qu'elle était admissible aux oraux. Pierre Moscovici, membre à l'époque du jury de l'Ena, n'a pas oublié la jeune femme. « Je me souviens de lui avoir mis 17,5 sur 20 et d'avoir sondé les autres examinateurs en pensant avoir été trop généreux, explique le futur ministre de l'Économie. Ce n'était pas le cas : elle était très forte et il était difficile de la prendre en défaut. J'imagine qu'elle se rappelle tout cela car, depuis, lorsque nous nous croisons, elle m'appelle en riant : "Monsieur le professeur[1]." »

Valérie Roux rejoint donc la prestigieuse École nationale d'administration, où l'élite politique du pays fait ses premiers pas. Sa promotion s'appelle Condorcet, nom choisi

1. *Le Point*, 14 décembre 2021.

à la fin du stage d'intégration à Puy-Saint-Vincent (Hautes-Alpes), des propositions plus farfelues comme « Crosses en l'air » ou « Marquis de Sade » ayant été écartées. La jeune femme compte parmi ses condisciples Aquilino Morelle, futur conseiller de François Hollande, Laurence Engel, future présidente de la Bibliothèque François-Mitterrand, le romancier et homme d'affaires Cédric Bannel, l'essayiste Maxime Tandonnet, l'actuel administrateur général du Louvre Kim Pham, le préfet Pierre Monzani, l'administrateur de la Comédie-Française Michel Roseau, la présidente de la Cnil Marie-Laure Denis ou encore Bruno Maquart, qui deviendra président du Palais de la découverte.

N'ayant pas fait Sciences Po comme la plupart de ses camarades, elle se sent un peu à part au milieu de ses condisciples. Eux ne sont pas du même avis. « Nous savions qu'elle était une très bonne élève. Sa personnalité était drôle, joyeuse », se souvient Aquilino Morelle. Au sein de l'école, elle hérite d'un surnom qui ne lui plaît guère : « Jeune et jolie », par allusion à un magazine pour adolescentes de cette époque. « Il n'y avait pas de sexisme à son égard, précise Cédric Bannel. Elle était effectivement la fille la plus jolie de la promotion[1]. »

À l'Ena, ses cours traitent de gestion, de rédaction de textes juridiques et administratifs, de questions sociales, de finances publiques, de relations internationales. Elle y apprend le logiciel de pensée des hauts fonctionnaires et la logique du système. Avec Aquilino Morelle, au sein d'un groupe, elle travaille notamment à un mémoire sur le financement de la santé publique. Ensemble, ils participent en outre à deux séminaires : l'un consacré à Madagascar, l'autre

1. Entretien avec l'auteur, 20 décembre 2021.

aux dépenses de santé. « Elle m'a impressionné par sa capacité de travail », confie le futur conseiller à l'Élysée. « Elle travaillait beaucoup, confirme Cédric Bannel. Mais elle était une énorme bosseuse sans être polarde pour autant. La réduire aux stéréotypes d'une nana BCBG est un peu réducteur. Tout le monde lui a toujours mis une étiquette, mais elle sort du cadre, elle est beaucoup moins conformiste qu'il y paraît. Elle était sympa et baroudeuse. »

La promotion Condorcet est bien moins politisée que celles des décennies précédentes, mais certains énarques semblent tout de même déjà programmés pour jouer un rôle important dans la vie publique. Plutôt discrète, Valérie Roux ne semble pas en faire partie aux yeux de ses camarades. « Contrairement à Pierre Monzani, qui avait créé une liste pour les élections étudiantes, Valérie ne faisait pas de politique », indique Aquilino Morelle. « Elle n'était pas forcément sur orbite pour la politique, renchérit Cédric Bannel. Ceux que les gens voyaient faire une grande carrière, c'était Monzani et Morelle, qui étaient déjà sur des rails. Pas elle. »

« À l'époque, je ne me voyais ni de droite ni de gauche, dit-elle. D'ailleurs, j'aurais dû me méfier car, lorsque l'on dit ça, c'est qu'en général on est de droite[1]... » Si la promotion semble peu engagée politiquement, elle va pourtant se faire remarquer par un important mouvement de contestation contre une réforme gouvernementale : le déménagement de l'Ena à Strasbourg. Cette mesure, annoncée en novembre 1991, a été planifiée par le gouvernement d'Édith Cresson avec le dessein de transférer plusieurs administrations en province. Décidé dans le plus grand secret, ce

1. « Une ambition intime », M6, 7 novembre 2021.

déménagement n'a fait l'objet d'aucune consultation avec le conseil d'administration de l'Ena. Tous les élèves de l'école ont donc appris avec consternation la nouvelle par la presse.

La protestation s'organise rapidement. La direction de l'école adresse à son ministre de tutelle une liste des inconvénients que provoquerait cette mesure et la majorité de l'encadrement fait entendre son opposition. Du côté des élèves, la contestation se fait plus bruyante. La promotion Condorcet organise des assemblées générales et des manifestations. Point d'orgue de la rébellion : le 20 novembre 1991, une quarantaine d'élèves décide d'occuper durant une nuit l'amphithéâtre Jean-Moulin. Valérie Roux en est. Sur place, les jeunes gens ôtent leurs chaussures et dorment à même le sol, tout habillés sous leur couverture ou dans leur sac de couchage. Une caméra de France 3 est venue couvrir le mouvement. Face aux médias, les futurs hauts fonctionnaires veulent montrer qu'ils ne sont pas des « polards en cravate et veston », mais des individus engagés pour l'avenir de leur pays. Le discours est maîtrisé, les arguments énumérés dans un langage soutenu, pas vindicatifs. Valérie Roux, elle, semble plutôt fuir les journalistes. L'un d'entre eux tente de l'interroger alors qu'elle est allongée sur la moquette avec ses camarades. On la voit mettre la main devant la caméra en lançant dans un éclat de rire : « Je voudrais dormir ! » Plus tard, elle répétera ce geste jusqu'à ce qu'on lui explique que ce n'est plus possible.

René Lenoir, le directeur de l'école, farouchement opposé au déménagement à Strasbourg, remettra des médailles symboliques aux meneurs de la contestation. L'une d'elles sera pour Valérie. À ses camarades, elle résumera son opposition par une formule : « On ne forme pas des guides de haute montagne à la mer. »

Deuxième au classement de sortie

Pour son second stage à l'Ena, Valérie Roux refuse d'aller en entreprise. Elle fait savoir au directeur des stages de l'école, Christian Frémont, futur directeur de cabinet de Nicolas Sarkozy, qu'elle estime avoir fait le tour de la question lors de son cursus à HEC. Elle souhaite rejoindre un établissement social et obtient gain de cause. Envoyée dans un fonds d'action sociale pour l'intégration des travailleurs immigrés, elle est confrontée de plein fouet à l'action éducative des quartiers sensibles et aux questions que pose l'immigration. « Après son premier entretien, le directeur des stages a dit à plusieurs personnes qu'il avait senti que Valérie sortirait dans la "botte" », relate Cédric Bannel. Bien vu : elle finira à la deuxième place du classement de sortie. Contrairement aux usages, elle ne choisira pas la prestigieuse Inspection des finances, mais le Conseil d'État.

Si certaines amitiés peuvent naître sur les bancs de l'Ena, l'école n'a pas la réputation d'être un lieu de franche camaraderie. « Dans une promo, peu de gens se parlent, précise Aquilino Morelle. Il existe une concurrence entre les élèves, une logique du "chacun pour soi", en raison du classement de sortie. » Contrairement à HEC, l'Ena n'est pas non plus connue pour ses fêtes étudiantes à fort taux d'alcool. Mais il y a une exception : la soirée de fin d'études. À cette occasion, les rivalités sont mises entre parenthèses et les futurs hauts fonctionnaires troquent leurs polycopiés contre une coupe de champagne, dans une atmosphère conviviale.

Pour la fête de la promotion Condorcet, l'invitée d'honneur devait être l'actrice Carole Bouquet, qui parrainait une association à qui devaient revenir les bénéfices de la soirée. Mais la comédienne leur a posé un lapin au dernier moment. Tant pis, les élèves s'amusent quand même. Avec plusieurs camarades, Valérie chante au micro une parodie du tube des Inconnus, « Auteuil, Neuilly, Passy », dont ils ont modifié les paroles : « Bercy, la Cour, le Quai, tel est notre destin ! »

4

Au chevet de l'URSS

La relation particulière de Valérie Pécresse à la Russie vient de loin. Lorsqu'elle avait quinze ans, son lycée Sainte-Marie de Neuilly préconisait l'allemand en seconde langue. Son père, qui ne voyait guère d'intérêt à l'apprentissage de la langue de Goethe, lui conseille l'arabe. Valérie, elle, a une autre idée en tête : elle a adoré la lecture du *Docteur Jivago* de Boris Pasternak et veut apprendre le russe. « Une copine professeur au lycée Carnot m'avait dit : "Le seul moyen, c'est de l'envoyer chez les Jeunesses communistes en URSS" », se souvient Dominique Roux.

Le monde est encore plongé dans la Guerre froide. Sur le territoire soviétique, malgré sa santé déclinante, Léonid Brejnev maintient la population sous surveillance généralisée et, derrière le Rideau de fer, le glacis soviétique pèse sur les pays de l'Est. Après une période de détente, les tensions entre les deux blocs se sont ravivées sous la présidence de Ronald Reagan et son projet de « guerre des étoiles ». La course à l'armement bat son plein et les tensions diplomatiques se multiplient entre les deux super-grands.

En France, malgré la présence de ministres communistes au gouvernement, le pouvoir socialiste entretient des relations tendues avec les dirigeants soviétiques. Quelques mois auparavant, en décembre 1981, le président de l'Assemblée nationale, Louis Mermaz, a officiellement accusé l'URSS d'être responsable de la crise en Pologne, où la loi martiale a été instaurée pour écraser la révolte populaire amorcée par le syndicat Solidarność. Bref, l'URSS n'apparaît pas comme la destination idéale pour les vacances d'une adolescente de quinze ans...

Les parents de Valérie décident tout de même de la laisser partir. Le voyage est organisé par le lycée Carnot. Avant son départ, elle se voit confier une mission très particulière par les religieuses de Sainte-Marie : déposer des bibles au domicile de refuzniks, ces citoyens soviétiques qui souhaitent quitter le pays, mais dont les demandes d'émigration ont été bloquées par les autorités. L'adolescente séjournera deux étés successifs dans ces camps des Jeunesses communistes, les *komsomols*. Le premier au camp Artek de Yalta, le suivant à Leningrad.

À l'époque, la jeune fille lit avec passion les œuvres majeures de la littérature russe : *Crime et Châtiment* de Dostoïevski, *Guerre et Paix* de Tolstoï, *La Mouette* de Tchekhov. Mais l'univers qu'elle découvre est bien différent de celui des romans. Si l'URSS fait figure de deuxième puissance mondiale, les conditions de vie y sont alors des plus sommaires, sauf à faire partie de la nomenklatura soviétique. La jeune touriste se sait privilégiée par rapport au reste de la population, ce qui ne lui évite pas de découvrir les toilettes à la turque et l'improbable goût du chocolat de synthèse. Confrontée à la pauvreté, aux étals vides des boutiques devant lesquelles les files d'attente s'allongent désespérément, elle prend conscience de ce que sont la propagande d'État et la mise sous scellés de la liberté d'opinion. Comme l'ensemble des jeunes de son camp, elle doit suivre presque chaque jour des leçons sur la lutte des classes, l'idéal socialiste et les méfaits de l'impérialisme américain.

Avec ses camarades, elle évoque parfois ses lectures, notamment ce *Docteur Jivago* qui l'a tant enthousiasmée. Elle découvre avec stupeur que ses interlocuteurs russes ne connaissent même pas le nom de Pasternak, leur concitoyen, qui a pourtant obtenu le prix Nobel en 1958. Le pouvoir soviétique l'ayant considéré comme un « agent de l'Occident », ses œuvres ont été dissimulées à la jeunesse du pays. De leur côté, certains de ses éphémères compagnons tentent de la persuader de la supériorité du communisme sur le capitalisme. Elle les trouve sincères dans leur engagement, mais ne se montre guère convaincue par leurs arguments. La vision romantique à laquelle avaient succombé tant de jeunes idéalistes est depuis longtemps en voie d'extinction en France. Valérie Roux n'y a jamais été sensible, mais ses deux séjours en URSS achèvent de la vacciner à tout jamais. Elle aime la Russie, pas le communisme. « De ces voyages, il m'est resté un attachement à la liberté de pensée, l'idée que l'anticonformisme est de droite plus que de gauche », affirme-t-elle[1].

En stage à l'ambassade de Moscou

Sept ans ont passé. Brejnev, Andropov, Tchernenko et Gromyko sont morts. Le président François Mitterrand a effectué un retentissant voyage à Moscou sous la présidence d'Andropov, auquel je participe avec mes confrères

1. *Le Monde*, 21 mars 2016.

Serge July, Dominique Bromberger et Christine Clerc. Le « Sphinx » a plaidé la cause des époux Sakharov sous les lambris dorés du Kremlin, où l'on commençait à susurrer le nom de Mikhaïl Gorbatchev. Lequel va imposer la *perestroïka* (restructuration) et la *glasnost* (transparence), alors que le Mur de Berlin s'est effondré et que l'URSS s'apprête à se disloquer.

En cette année 1991, Valérie Roux est entrée à l'Ena. Seule russophone de sa promotion, elle évite les traditionnels séjours en préfecture et choisit d'effectuer son stage à l'ambassade de France de Moscou. Le pays qu'elle a connu du temps des camps des jeunesses communistes a profondément évolué. Mais les conditions de vie ne se sont guère améliorées pour autant. À son arrivée à Moscou, la jeune stagiaire est accueillie par une température de -20 °C et découvre que son logement de fonction est un studio où grouillent les cafards. Faute d'avoir pu dénicher de l'insecticide dans les magasins – pas mieux pourvus qu'à l'époque de Brejnev –, son seul moyen de repousser les insectes est de dormir la lampe allumée.

L'accueil à l'ambassade est à l'avenant. Le premier jour de son stage, l'ambassadeur, Jean-Marie Mérillon, comme elle le racontera à Marion Van Renterghem, lui fait savoir qu'il avait précisé à l'Ena qu'il ne « voulait pas de fille ». En raison de la situation complexe du pays, le diplomate lui indique qu'il préférerait qu'elle prenne le prochain avion et regagne Paris. Valérie Roux plaide sa cause et finit par obtenir de rester à l'essai. Il durera trois mois, avec notamment permission d'accompagner des délégations pour effectuer la tournée des républiques soviétiques. Elle passe ainsi une bonne partie de son temps dans des avions d'Aeroflot, plus proches des autobus du tiers-monde que du Concorde. Mais elle s'habitue vite aux usages du pays, apprend à arrêter des voitures en pleine rue et à négocier le prix de la course comme une « locale ». Elle boit du lait caillé, dort dans des hôtels de troisième zone et se déplace entre Oural et Sibérie par le Transsibérien comme on se rend à Lyon ou à Marseille en TGV. « On a fait le tour de l'Asie centrale, on est allé à Boukhara, Tachkent, Samarcande. On s'est retrouvé dans des avions remplis de poulets et de cochons, dans les taxis pourris des aéroports de campagne. Je me rappelle un embarquement où l'on avait fait patienter les Russes au pied de la passerelle, alors qu'il pleuvait. Alors qu'on n'avait rien demandé, les autorités nous ont fait passer directement d'un salon d'attente spécial à l'avion. Je me souviens du regard noir de deux cents passagers trempés qui nous attendaient pour monter », raconte Alexandre Saubot[1], l'un de ses copains de promo dont Valérie fut le témoin de mariage.

Elle est parfois chargée des missions les plus improbables : trouver des billets pour le Bolchoï à la dernière minute ou organiser la visite d'un jeune élu savoyard nommé Michel Barnier, venu faire la promotion des Jeux olympiques d'hiver d'Albertville auprès du pouvoir soviétique. Quand Laurent Fabius, alors président de l'Assemblée nationale, se déplace lui aussi en URSS, l'ambassadeur français demande à la stagiaire de l'emmener faire le tour des bistrots.

Au cours de son stage, les parents de Valérie viennent lui rendre visite à Moscou. L'occasion pour eux de découvrir leur fille dans ses nouvelles fonctions. « L'ambassadeur Mérillon ne parlait pas russe. Il n'y avait que Valérie et l'attaché culturel qui maîtrisaient bien la langue », raconte

1. Entretien avec l'auteur, 20 décembre 2021.

Dominique Roux. « Lorsque nous sommes allés la voir à Moscou, nous étions impressionnés d'assister à des repas où Valérie parlait et traduisait pour l'ambassadeur », se rappelle Catherine Roux.

À l'ambassade, la jeune stagiaire est présente à la réception du président François Mitterrand lors d'un voyage officiel dans la capitale soviétique. Elle assiste, amusée, aux courbettes des courtisans du président français. Surtout, elle observe la montée de la contestation démocratique au sein des républiques et perçoit l'effondrement définitif du bloc communiste. À vingt-quatre ans, elle a le sentiment d'assister en direct à un changement d'ère.

À l'issue de son stage, Valérie Roux quittera l'URSS avec un pincement au cœur. Peu après, en août 1991, Mikhaïl Gorbatchev est victime d'un putsch fomenté par une partie de la nomenklatura qui refuse la *glasnost* et la *perestroïka*. Des manifestations populaires (on se souvient de Boris Eltsine juché sur un char devant la Douma) briseront cette tentative de rétablir la pleine puissance du pouvoir central et le Parti communiste sera interdit. Gorbatchev reviendra pour un temps au pouvoir, mais les républiques soviétiques décréteront une à une leur indépendance et l'URSS sera officiellement dissoute en décembre 1991. Le pays que Valérie Pécresse avait découvert est définitivement rayé de la carte.

Dans la ligne de mire du KGB

Au cours de son séjour à Moscou, la stagiaire de l'Ena a été amenée à rencontrer Sergueï Jirnov. Ce jeune journaliste de la télévision soviétique anime chaque semaine une émission consacrée à la langue française, pour laquelle il reçoit des diplomates étrangers. Il entretient des relations régulières avec le personnel de l'ambassade française. « J'étais si souvent à l'ambassade de France que j'étais presque devenu un attaché de presse officieux », s'amuse-t-il[1]. Francophone et francophile, Sergueï Jirnov a entamé une procédure pour suivre des cours à l'Ena en tant qu'étudiant étranger. L'ambassade de France a donc demandé à Valérie Pécresse de le rencontrer. « J'avais rempli les documents pour entrer à l'Ena et j'avais passé un entretien à Paris, se souvient Sergueï Jirnov. À mon retour à Moscou, l'ambassade française m'a fait savoir qu'une élève de l'Ena était actuellement en stage sur place et qu'il serait intéressant que je lui parle. Quelques jours plus tard, j'ai reçu un appel de Valérie Roux à mon domicile. » Ce que la future ministre semble ignorer, c'est que Sergueï Jirnov est en réalité un officier du KGB et que son emploi à la télévision est une couverture lui permettant de faire remonter à son service de nombreuses informations sur les diplomates en poste à Moscou. En clair, il est ce que l'on nomme un agent de renseignement, autrement dit un espion.

Valérie Roux invite Sergueï Jirnov à trois occasions : lors d'une réception à l'ambassade, à un dîner avec des jeunes expatriés français, puis à une cérémonie pour la Pâque russe dans le carré VIP de la cathédrale réservé aux diplomates étrangers. « J'ai parfaitement réussi à la berner avec ma couverture, confie l'ancien officier. Elle ne pouvait pas se douter que j'étais du KGB car elle me voyait chaque semaine à la télévision. Elle ne s'exprimait jamais en russe quand nous discutions en tête à tête. C'était une bonne élève, mais en

1. Entretien avec Martin Leprince, 27 décembre 2021.

aucun cas une linguiste. Elle ne maîtrisait pas du tout la fluidité de la langue et commettait beaucoup de fautes », dit-il.

À chacune de leurs rencontres, Sergueï Jirnov remplit ses fonctions d'officier de renseignement. « J'ai tenté d'en apprendre le plus possible sur elle, explique-t-il. J'ai rempli plusieurs fiches à son sujet, qui sont ensuite restées dans les archives du KGB. J'ai transmis les rapports à mes supérieurs qui étaient emballés. Elle était évidemment une cible de choix pour nous. » Comme il a appris à le faire lors de sa formation d'espion, le jeune homme dresse dans ses rapports un portrait psychologique de la stagiaire française. « Elle se présentait comme une fervente catholique. Elle était très intelligente, avec un profil bourgeois de première de la classe. Elle pouvait être assez arrogante. Si elle apparaissait très souriante et semblait facilement abordable, en réalité ses yeux ne souriaient jamais. Sous ses airs avenants, c'est une personne froide et calculatrice. Elle est guidée dans tout ce qu'elle fait par son propre intérêt. » Un jugement sévère qui en dit plus sur son auteur que sur l'intéressée. Les services soviétiques s'interrogent tout de même : la jeune femme ne serait-elle pas un agent de la DGSE ? « Au KGB, nous étions paranos, donc la première question que l'on se posait en rencontrant un étranger était de savoir s'il œuvrait pour un service concurrent, explique Sergueï Jirnov. Mais j'ai vite eu la conviction que ce n'était pas son cas. J'apprendrai plus tard que les stagiaires de l'Ena sont considérés comme des vaches sacrées et que la DGSE n'ose pas les approcher. »

Aux yeux du KGB, Valérie Roux devient une cible pour être recrutée par le service ou faire office de source de renseignement involontaire. « Comme elle n'était pas mariée et que j'étais moi aussi célibataire, mes supérieurs m'ont fait savoir qu'ils n'étaient pas contre une amourette entre nous, relate Sergueï Jirnov. Si cela s'était fait, j'aurais eu une voie royale pour obtenir la nationalité française, en plus de disposer d'une source très bien placée. Nous n'avons cependant pas été très loin dans l'intimité. Elle ne répondait pas à mes tentatives de flirt. Elle restait très discrète sur sa vie privée, je n'ai pas su si elle était en couple. » En fait elle « fréquentait » un diplomate français.

Le fait que la jeune femme soit une bourgeoise cataloguée à droite ne pose aucun problème au KGB. « Les Français proches du Parti communiste et du RPR étaient très russophiles, précise Sergueï Jirnov. Les premiers par idéologie, les seconds par intérêt économique. Une coopération avec notre pays signifiait des débouchés dans le commerce du gaz et du pétrole. Les seuls avec lesquels nous avions du mal à nous entendre étaient les socialistes et les trotskystes qui se montraient très critiques sur l'Union soviétique. »

Si l'officier de renseignement a ses raisons d'entretenir une relation avec la stagiaire, il suppose qu'elle aussi en avait une. « Je pense que l'Ena lui avait demandé de se prononcer sur ma candidature, confie-t-il. Elle a dû donner un avis favorable, puisque quelques semaines plus tard j'ai reçu la confirmation officielle de mon inscription. » Par la suite, Sergueï Jirnov tente à plusieurs occasions de recontacter Valérie Roux à l'ambassade, mais celle-ci ne donne pas suite à ses propositions de la revoir. « Une fois qu'elle avait achevé sa mission, elle n'avait plus besoin de maintenir la relation avec moi », s'imagine-t-il.

Sergueï Jirnov intègre donc l'Ena en septembre 1991, au sein de la promotion Léon Gambetta. Au cours des mois suivants, il croisera Valérie Roux plusieurs fois dans les locaux de l'école. Ils partagent une fois ou deux un café, mais rien de plus. « J'avais pour mission de maintenir le contact avec les gens que je connaissais, dont elle faisait partie, explique l'ancien officier. Elle était très concentrée sur ses études et je l'ai très peu revue. »

Quant à Jirnov, il rompt avec son pays dans des circonstances difficiles et entreprend des démarches pour obtenir l'asile politique en France. Alors qu'il s'est lancé dans des activités de conseil, il apprend par l'annuaire de l'Ena que son ancienne connaissance est devenue députée en 2002. Il lui envoie un e-mail, dans lequel il lui révèle son passé d'officier du KGB. « Elle a pris l'information avec beaucoup de légèreté et d'humour », précise-t-il. Après quelques échanges d'e-mails, il sollicite son aide pour sa demande d'asile. « Comme j'étais dans une situation compliquée, je comptais éventuellement sur sa charité chrétienne pour faciliter ma réinsertion en France en tant que réfugié, confie-t-il. Mais elle n'a jamais voulu s'impliquer personnellement dans mon dossier, sans exprimer la moindre réticence suite à la révélation de mon ancienne appartenance au KGB. Quand je passais à Paris, je la contactais à chaque fois. Mais, sans jamais rompre nos liens, elle trouvait toujours un bon prétexte de ne pas pouvoir se libérer, même pour boire un café à l'Assemblée nationale. »

Sergueï Jirnov parviendra à devenir officiellement réfugié politique en 2004. Apprenant que Valérie Pécresse a été nommée ministre en 2007, il lui envoie un nouvel e-mail pour la féliciter. « Le lendemain, j'ai reçu un appel téléphonique d'une personne de son secrétariat qui m'a demandé mon adresse postale, relate-t-il. Fin juin 2007, j'ai reçu un courrier signé par le directeur de son cabinet, Philippe Gillet, me demandant de ne plus chercher à contacter la ministre ou son entourage. J'étais effaré ! De quel droit une ministre interdirait-elle à un réfugié politique de communiquer avec elle ? S'il est tout à fait normal d'interdire de harceler une ministre dans sa vie privée, il n'est pas concevable, dans un État de droit, d'empêcher quiconque de communiquer officiellement avec elle. »

Jirnov a précieusement conservé la lettre. « Aujourd'hui encore, dit-il avec amertume, je ressens une certaine rancune envers elle. » Sans doute l'espion venu du froid feignait-il de ne pas comprendre ce que la révélation de ses liens avec le KGB pouvait avoir d'embarrassant pour cette femme politique en devenir. Et que sa volonté d'espacer les relations avant de les rompre définitivement n'était pas anormale. Valérie Pécresse dit aujourd'hui ne pas l'avoir revu depuis son départ de Moscou. Et qu'à l'ambassade de France tout le monde savait qu'il appartenait aux services secrets russes. À chacun sa version. À malin, maligne et demie.

5

Jérôme, l'homme de sa vie

Si, le 24 avril 2022, Valérie Pécresse est élue présidente de la République, Jérôme Pécresse, époux de la nouvelle locataire de l'Élysée, aura la lourde tâche d'inaugurer la fonction de « Premier homme de France ». Un statut inédit, à l'appellation improbable, dont les prérogatives restent à définir. Au-delà du folklore, et bien qu'aucun texte officiel ne régisse cette fonction, le conjoint d'un chef d'État joue un rôle protocolaire auquel il ne peut se soustraire. S'il pourra certes demander des conseils à Joachim Sauer qui, en tant que mari d'Angela Merkel, a dû officier dans ce rôle durant seize ans, il semble peu probable que Jérôme Pécresse, qui gagne fort bien sa vie à un poste à haute responsabilité, soit disposé à jouer les potiches lors des déplacements officiels à l'étranger et à organiser la collecte des pièces jaunes pour les hôpitaux. Certes, il continuera à soutenir sans faille son épouse dans l'exercice du pouvoir. Mais pourra-t-il lui même exercer son métier dans les mêmes conditions ?

Coup de foudre à un mariage

Marié depuis vingt-sept ans à la candidate républicaine à la présidentielle, Jérôme Pécresse a lui aussi fait une belle carrière, mais loin de la politique. Successivement dirigeant du Credit Suisse First Boston (CSFB), directeur général adjoint d'Imerys, vice-président exécutif d'Alstom puis président d'Alstom Renewable Power[1], il s'est relativement préservé des médias durant l'ascension de son épouse. « Je ne vis pas du tout comme un mari de ministre. Notre vie personnelle n'a quasiment pas été affectée[2] », affirmait-il en 2010 lorsque Valérie Pécresse officiait au ministère de l'Enseignement supérieur.

Né en mars 1967, il a grandi à Versailles, dans la circonscription où son épouse deviendra députée trois décennies plus tard. Fils d'un banquier et d'une professeure de français, il fait sa scolarité au lycée Hoche. Sa première rencontre avec Valérie survient lors de leurs études. Elle étudie à HEC quand il est à Polytechnique. « On se voyait lors des soirées communes aux deux écoles sur le plateau de Saclay », relate-t-il. Ils se perdent de vue par la suite. Une fois sorti de Polytechnique, Jérôme Pécresse intègre le corps des Ponts durant trois ans, puis démissionne de la fonction publique pour rejoindre la banque First Boston, rachetée par le Crédit Suisse pour faire des fusions-acquisitions.

Jérôme Pécresse revoit Valérie Roux au début des années 1990 à l'occasion du mariage d'une connaissance commune : Alexandre Saubot, l'actuel président de France Industrie. Celui-ci est un ami de longue date de Valérie. Tous deux ont

---

1. Devenu en 2016 General Electric Renewable Energy.
2. *Paris Match*, 24 août 2010.

pas mal bourlingué ensemble, à l'époque où la jeune femme était en stage à Moscou. Avec d'autres copains, ils sont aussi partis au Canada pour faire du camping sur l'Île-du-Prince-Édouard, dans des forêts infestées de moustiques. « Valérie aimait beaucoup l'aventure, se remémore Alexandre Saubot. Elle est ma meilleure amie. »

Alexandre Saubot et Jérôme Pécresse ont quant à eux fait leurs études ensemble, en prépa puis à Polytechnique. Les deux jeunes hommes sont devenus par la suite des partenaires de bridge, qu'ils pratiquent en compétition. Lorsque Jérôme se rend au mariage de son ami, apercevant Valérie à côté d'Alexandre, il la prend d'abord pour la mariée. Elle n'est en réalité que le témoin du marié. Jérôme se retrouve à côté d'elle lors de la noce. Ils deviennent un couple peu de temps après. « Il fallait qu'elle se libère », précise-t-il[1]. Sous-entendu d'une relation qu'elle entretenait avec un haut fonctionnaire du ministère de l'Économie et des Finances. « Il m'a fait une cour effrénée, dit celle qui jusque-là avait eu une liaison avec un professeur du MIT, puis un haut fonctionnaire de Bercy. Il est très tenace[2]... »

Ils se marient civilement quelques mois plus tard, le 6 août 1994, sur les terres d'origine de Jérôme à Combressol. « Dans ma famille, on se marie et on est enterré en Corrèze », confie-t-il. Le repas de noces est organisé en petit comité dans la grange de la propriété des beaux-parents. Leur précipitation à passer devant le maire déconcerte leur entourage. « Nos amis, surpris, nous donnaient six mois, raconte Valérie Pécresse. En guise de félicitations, ils me souhaitaient bonne chance[3]. » Le mariage religieux, qui se

1. Entretien avec l'auteur, 10 décembre 2021.
2. « Une ambition intime », M6, 7 novembre 2021.
3. *Paris Match*, 24 août 2010.

tient plus tard, rassemble un peu plus de monde lors du cocktail à l'École militaire, puis à la réception à Villepreux (Yvelines). Le couple partira ensuite en voyage de noces : deux semaines au Brésil, à Bahia puis à Pantanal, près de la frontière bolivienne. « Elle adore le soleil et voyager », confirme Jérôme Pécresse.

En 1998, quand Valérie Pécresse devient conseillère technique à l'Élysée auprès de Jacques Chirac, son mari quitte le monde de la finance pour celui de l'industrie. « Patrick Kron, qui était mon client à la banque quand il était chez Pechiney, avait alors pris la tête d'Imerys (ex-IMetal), explique Jérôme Pécresse. Il m'a téléphoné pour me dire : "Tu ne vas pas rester banquier toute ta vie." Je l'ai rejoint dans sa société. » Lui qui ne compte pas ses heures de travail doit tout de même apprendre à adapter son emploi du temps pour être présent auprès de leurs fils en bas âge : Baptiste, né en 1996, et Clément, en 1997. Le couple aura un troisième enfant en 2003, Émilie.

Malgré leurs activités professionnelles respectives, Jérôme et Valérie Pécresse sont confrontés aux mêmes tourments que tous les jeunes parents. Lorsque leur fils Clément est atteint d'une bronchiolite quelques semaines seulement après sa naissance, l'angoisse est terrible. Une autre fois, lors de vacances de Noël en Corrèze, alors que la famille allait chercher des truffes au marché de Brive, leur fils aîné, Baptiste, âgé de neuf mois, se cogne la tête avec son « trotte-bébé » et se met à vomir. Totalement paniqués, ses parents l'emmènent en urgence à l'hôpital d'Ussel, roulant une heure et demie en voiture sous la neige. Diagnostic rassurant : le bébé souffrait d'une simple gastro… Ses enfants sont encore petits lorsque la responsable d'un cabinet de chasseurs de têtes contacte Jérôme Pécresse pour lui proposer un emploi de dirigeant dans la finance. Il décline, justifiant son refus pour raisons familiales.

Un power couple

La carrière politique de Valérie Pécresse la conduisant à l'Assemblée nationale, puis au gouvernement, le couple trouve son équilibre. « On a toujours été assez synchrones, dit Jérôme Pécresse. On a évolué en parallèle. Et Valérie est facile à vivre. » « C'est tout sauf un prince consort, arguait Valérie Pécresse du temps où elle était ministre. Il ne m'accompagne pas partout. Plutôt que de venir dans un meeting, il préférera toujours rester avec les enfants. Nous avons des vies professionnelles très séparées[1]. » Il confirme : « Je ne suis pas du tout impliqué dans les aspects politiques, même si je suis présent lors des soirées électorales. Une des richesses de notre couple c'est qu'on a fait des carrières différentes. Mais c'est resté assez étanche. » En théorie, du moins. Car Jérôme donne son avis et parfois la rassure. « C'est pas con, ça permettra de prendre du recul », lui dit-il quand elle lui apprend que Michel Barnier invite tous les participants à la primaire de la droite à un week-end de réflexion dans sa propriété de Sologne. En fait c'est un *power couple* (un couple de pouvoir) qui avait choisi la parabole des talents comme évangile le jour du mariage.

Au fil des années, les enfants grandissent mais n'en restent pas moins des enfants. Même si les grands-parents respectifs se montrent toujours disposés à les garder, l'organisation n'est pas toujours facile. « Je n'étais pas sévère avec

1. *Gala*, 24 août 2010.

les enfants, explique Jérôme Pécresse. Comme nous n'étions pas souvent là, il y avait de la culpabilité. On s'était imposé une règle : ils ne devaient pas rester seuls plus de deux jours par semaine avec des baby-sitters. Quand j'étais en voyage, Valérie prenait le minimum d'engagements. » Tous les dimanches soir, le couple Pécresse se livre à la cérémonie de synchronisation des agendas. Chacun doit s'organiser pour pallier au mieux les absences de l'autre. Pour ne pas être des parents absents, ils limitent aussi leur vie sociale. « On recevait moins, on préférait aller au cinéma et au théâtre. Nous sommes aussi partis en vacances en famille au Cambodge, au Maroc ou aux Antilles », me dit Jérôme Pécresse[1].

Valérie Pécresse a toujours tout fait, jusqu'à date récente, pour qu'aucune photo de ses enfants ne soit publiée dans la presse. Au grand dam de ses parents, l'un d'eux a cependant été exposé médiatiquement à une occasion. En septembre 2016, Clément, alors âgé de dix-huit ans et étudiant, est interpellé à Paris avec trois grammes de cannabis. Il est placé en garde à vue durant sept heures au commissariat, une mesure plutôt rare pour un tel délit. L'information fuite dans la presse et de nombreux médias la reprennent. Valérie Pécresse demande vainement le respect de la vie privée de sa famille, mais le mal est fait. « Tout ce qui est arrivé [à mon fils], c'est à cause de moi, dira-t-elle plus tard. Pas un seul autre enfant n'aurait eu son nom cité en boucle sur toutes les chaînes d'info[2]. » Convaincue que cette affaire a été utilisée contre elle par Manuel Valls, alors ministre de l'Intérieur, elle portera plainte pour « violation du secret professionnel » et « violation de l'enquête ». Mais depuis l'ancien Premier

1. Entretien avec l'auteur, 10 décembre 2021.
2. « Une ambition intime », M6, 7 novembre 2021.

ministre la soutient dans sa quête présidentielle. Vérité en-deçà des Pyrénées...

Aujourd'hui, les trois enfants ont bien grandi. Baptiste, vingt-cinq ans, travaille dans le conseil en stratégie. Clément, vingt-trois ans, fait de la programmation dans une SS2i. Émilie, dix-huit ans, est en prépa HEC. Comme maman naguère. Un fort tempérament, dit-on. « Je suis très fière de ce qu'ils sont devenus, confie leur mère. Malgré tous ceux qui ont dit pendant vingt ans que j'étais une mauvaise mère parce que je travaillais trop, eux ont su bien tracer leur route, et en plus ils sont heureux. C'est le plus important pour moi[1]. » Comme toute mère, elle connaît intimement les failles de la famille. Et ne veut pas perdre ce qu'elle a mis tant d'années à construire. C'est une guerrière, mais aussi une louve.

Le patron d'une multinationale

En 2011, Jérôme Pécresse a pris la direction de la branche énergies renouvelables d'Alstom, qui sera plus tard rachetée par General Electric. « Mon gendre est président d'une multinationale et il pèle les patates », dit Dominique Roux, ironique. « La société s'est beaucoup développée, explique l'intéressé. Elle est passée de 2 à 16 milliards de chiffre d'affaires et de huit mille à quarante-cinq mille salariés. Nous produisons des turbines, des éoliennes et des équipements pour les réseaux électriques. En partant de rien, nous avons créé une usine de nacelles qui emploie sept cents personnes à Montoir-de-Bretagne et une usine de pales d'éoliennes qui

1. *Ibid.*

emploie huit cents personnes à Cherbourg. Alstom a beaucoup diminué ses personnels dans ses activités historiques de charbon et de gaz, mais un basculement des emplois s'est opéré vers notre secteur. » Certes pas dans les mêmes proportions. L'activité professionnelle de Jérôme Pécresse l'éloigne souvent de chez lui. « Je vais une fois par mois aux États-Unis, souligne-t-il. Avant la crise sanitaire, je faisais le tour du monde plusieurs fois par an. »

Après avoir longtemps vécu à Versailles depuis le début de leur mariage, le couple Pécresse s'est établi à Paris, non sans s'être posé la question de déménager quand Valérie avait été nommée ministre. Il a d'abord loué un logement dans le Ve arrondissement, puis un appartement à Saint-Germain. En 2003, le couple a également acheté une maison à La Baule, proche de la plage Benoît. « Là-bas, il y a toujours des trucs à faire, des copains à voir, décrit Jérôme Pécresse. C'est là que nous avons connu le président du Medef, Geoffroy Roux de Bézieux. Mais nos copains de La Baule ne sont pas des grands patrons. » Ce qui ne l'empêche pas de jouer au tennis avec Roux de Bézieux, lequel évite soigneusement d'afficher leur complicité.

Jérôme Pécresse est-il préparé à voir son épouse devenir la première présidente de la République ? « Je n'ai jamais vu en elle une future présidente, confie-t-il. Mais elle a grimpé les étages en constatant à chaque fois qu'il n'y avait pas meilleur qu'elle à l'échelon supérieur. Plus c'est dur, plus elle trouve le carburant pour se battre. Elle a cela au fond d'elle-même. C'est quelqu'un qui se dédie aux autres. Elle a une empathie très supérieure à celle que je vois chez la plupart des gens. »

Dans les dîners, il se tait et laisse Valérie s'exprimer. « Il est comme mon père. Il parle peu, mais c'est toujours pertinent. Et puis, tout d'un coup, Jérôme dit quelque chose qui va remettre l'église au milieu du village. Ça peut être assez corrosif », lance Jean-Francis, son frère aîné.

Lorsque son épouse a remporté l'investiture des Républicains pour la course à l'Élysée, une déclaration d'une femme politique de l'autre bord, Ségolène Royal, n'est pas passée inaperçue. « Valérie Pécresse, elle, a un mari qui la soutient, c'est un atout considérable[1] », a déclaré la candidate malheureuse à l'élection présidentielle de 2007, qui était alors en couple avec François Hollande. Ségolène aurait même donné des conseils à la candidate des Républicains sur la meilleure façon de rallier ses barons. La situation des deux femmes présente toutefois une différence essentielle : Valérie et Jérôme Pécresse n'ont jamais été en concurrence pour un même objectif. « J'ai la chance de vivre avec quelqu'un qui ne fait pas de la politique avec moi, argue la candidate des Républicains. Ça je ne pourrais pas, je pense que je craquerais complètement. Psychologiquement, je n'aurais plus d'équilibre, je deviendrais folle[2]. » Le couple est pourtant conscient qu'une campagne présidentielle est une expérience différente de tout ce que tous deux ont connu jusqu'alors. « C'est un saut dans l'inconnu, reconnaît Jérôme Pécresse. Mais je ne suis pas inquiet de nature. Valérie est une femme courageuse qui tient la barre dans les moments difficiles. Elle s'inquiète plutôt dans les moments où tout va bien. » Il n'empêche. Plusieurs membres de la famille sont inquiets pour elle, ayant clairement le sentiment d'entrer dans une aventure dont ils ne mesurent pas les conséquences.

La question est de savoir si Jérôme n'est pas lui-même le point de fragilité du système familial. Il a fait sa carrière

1. *Le Parisien*, 5 décembre 2021.
2. « Une ambition intime », M6, 7 novembre 2021.

dans le groupe Alstom grâce à Patrick Kron, que l'ancien ministre du Redressement productif Arnaud Montebourg l'accuse d'avoir bradé aux Américains de General Electric avec l'assentiment d'Emmanuel Macron, alors conseiller de François Hollande à l'Élysée. « Je n'ai pas été impliqué dans la genèse de la transaction avec General Electric », soutient Jérôme Pécresse, qui a rejoint Alstom plus tard que Kron, lequel l'avait tout de même nommé vice-président et avec qui il entretenait une relation fusionnelle. « General Electric voulait les turbines à gaz depuis longtemps car Alstom était meilleur dans la vapeur. Et une alliance d'Alstom avec Siemens aurait tué l'américain en Europe », note un spécialiste du dossier. En réalité, ce Meccano stratégique a été instauré sous Nicolas Sarkozy, quand l'État est entré au capital d'Alstom en 2003 avec Bouygues pour sauver une société mal gérée. Les erreurs de stratégie se sont ensuite enchaînées, avec pour résultat d'accroître la désindustrialisation du pays.

« En deux ans Bercy a cédé Alstom pour 12 milliards d'euros, Alcatel pour 15 milliards, Technip pour 9 milliards et Lafarge pour 19 milliards. Sur la seule vente d'Alstom, les cabinets d'avocats ont empoché 230 millions en France et près de 500 millions, si l'on compte ceux qui travaillaient pour General Electric. Or ces sociétés ont grandi dans le giron public. Pour moi, ceux qui sont fautifs dans cette affaire sont ceux qui n'ont pas défendu nos intérêts nationaux et perdu notre autonomie dans le nucléaire. Patrick Kron allait voir Emmanuel Macron par-dessus Arnaud Montebourg qui faisait des moulinets. Kron, ayant déjà sauvé Alstom une fois, était dans son rôle de défendre ses actionnaires (Bouygues, n'ayant pas obtenu le contrôle d'Areva, voulait sortir du capital). Ce que je reproche à Macron, c'est de ne pas avoir contrarié ce plan alors qu'il a soutenu, devant moi, avoir été mis devant le fait accompli. C'est un mensonge », constate Olivier Marleix[1], qui présida la commission d'enquête parlementaire sur Alstom et dénonça à la justice un « pacte de corruption » lors de la vente à General Electric. En clair, Marleix reproche à Macron de s'être comporté comme un banquier d'affaires. Une justice depuis nettement moins rapide que pour Claude Guéant, l'ancien secrétaire général de l'Élysée sous Nicolas Sarkozy.

Revenons au mari de Valérie Pécresse. « Jérôme n'était pas dans le deal. Valérie l'a appris par la radio. Quand elle est arrivée à Bercy en 2011, elle a demandé une circulaire pour se déporter sur Matignon de tous les dossiers de son mari. L'administration était réticente et Fillon lui disait de le faire sans le dire. Elle a tenu bon », plaide son entourage. Lors d'un dîner organisé par un cercle de réflexion, une journaliste demande à la candidate quel serait le rôle de son mari à ses côtés en cas d'élection. « On y réfléchit », réplique-t-elle, un peu gênée des sacrifices qui pourraient lui être imposés afin d'éviter les conflits d'intérêt.

On peut faire confiance à Emmanuel Macron, qui en porte la responsabilité finale, pour ne pas cacher la poussière sous le tapis.

1. Entretien avec l'auteur, le 25 janvier 2022

6

Chirac, le parrain

Avoir grandi dans une famille aux convictions gaullistes prédestinait sans doute Valérie Pécresse à admirer Jacques Chirac. « Il m'a séduite parce qu'il incarnait à la fois l'autorité et la générosité, ainsi qu'une volonté de mettre la France en mouvement », affirme-t-elle[1]. Sur ce point, Éric Zemmour s'inscrit en faux, puisqu'il stigmatise l'immobilisme de l'ancien président.

Après avoir furtivement croisé le futur président de la République au domicile de ses grands-parents lorsqu'elle était enfant, Valérie Pécresse ne le reverra que près de deux décennies plus tard. À l'automne 1994, elle assiste à la remise de la Légion d'honneur à son grand-père, Louis Bertagna, dans les salons de Matignon. La médaille est décernée au célèbre neuropsychiatre par le Premier ministre en personne, Édouard Balladur, à qui l'Élysée semble alors promis tant les sondages lui sont favorables. La plupart des invités à la cérémonie n'ont d'yeux que pour lui et le phénomène de cour joue à plein. Jacques Chirac, qui n'est alors « que » maire de Paris, est lui aussi présent, mais se tient seul à l'autre bout de la pièce. Personne ne semble accorder

1. *Et c'est cela qui changea tout*, *op. cit.*

la moindre importance à celui qui apparaît alors comme un loser. La jeune conseillère d'État, tout juste âgée de vingt-sept ans, est l'une des rares à aller à sa rencontre. Elle se présente à lui et engage la discussion. Jacques Chirac semble ravi. Le futur chef de l'État finira même par lui demander si elle se verrait un avenir politique. Surtout quand il apprend qu'elle parle le russe et le japonais, langues de deux pays qui le fascinent. Il n'est pas sans lui trouver une petite ressemblance avec Élisabeth Guigou. Elle répond qu'elle n'y a jamais pensé.

Apprendre à embrasser les électeurs

Chiraquienne de cœur, Valérie Roux le devient encore davantage après l'échec d'Édouard Balladur. « La figure de Jacques Chirac a marqué ma jeunesse et, sans avoir jamais milité dans un parti politique, je me suis particulièrement retrouvée dans sa campagne de 1995, autour du thème de la fracture sociale », soutient-elle[1]. Trois ans après l'accession de Chirac à la présidence de la République, alors que celui-ci est confronté à une cohabitation difficile avec Lionel Jospin à Matignon, Valérie Pécresse le rejoint à l'Élysée comme conseillère technique. Elle y restera quatre ans. À ses côtés, elle prend des cours accélérés. Son choix n'est pas toujours compris. Lorsqu'elle décide de se présenter aux élections législatives de 2002, c'est le président de la République lui-même qui lui enseigne le b. a.-ba pour mener une campagne électorale. Il insiste sur la nécessité du contact direct avec

1. Valérie Pécresse, *Être une femme politique… c'est pas si facile !*, L'Archipel, 2007.

l'électeur, spécialité dans laquelle il excelle. Quiconque a dans sa vie croisé une fois Jacques Chirac peut en témoigner : il savait faire croire à son interlocuteur qu'il était la personne la plus importante à ses yeux.

Un jour où il lui prodigue ses conseils, le chef de l'État demande à Valérie Pécresse de l'embrasser. Intimidée, la jeune conseillère lui tend la joue. Chirac la saisit alors par les épaules et lui lance avec autorité : « Tu ne sais pas embrasser. On embrasse avec tout le corps, comme ça[1] ! » Joignant le geste à la parole, il lui donne une franche accolade. Un peu gênée, Valérie Pécresse lui réplique qu'elle n'a pas pour habitude d'embrasser des inconnus. Le président balaie l'argument : « Peut-être, mais tu vas faire de la politique de terrain. Alors il ne faudra pas faire ta bégueule. Les gens vont vouloir t'embrasser, donc profites-en : ça économisera ta main. » Le chef de l'État sait de quoi il parle : après avoir serré des milliers de mains durant toute sa carrière politique, il souffre d'arthrose. Désormais, quand il doit faire des bains de foule lors d'un déplacement, il conserve dans sa voiture un sac de glaçons dans lequel il plonge les doigts pour se soulager.

Valérie Pécresse n'oubliera pas ce que lui a enseigné Jacques Chirac. Elle se réfère parfois à celui qu'elle considère comme son parrain en politique[2]. L'ancien président de la République avait forcément une attention spéciale pour la jeune femme, en mémoire de son grand-père qui s'était occupé de sa fille, Laurence. « On ne peut pas dire que Valérie Pécresse soit l'héritière corrézienne de Chirac, nuance Frédéric Salat-Baroux, ancien secrétaire général

1. *Le Monde*, 17 décembre 2021.

2. Quitte à reprendre certaines de ses phrases comiques du genre : « Les sondages, ça va, ça vient, comme la queue du chien. »

de l'Élysée et gendre de l'ancien président. Cette notion d'héritier existait probablement dans son esprit pour Alain Juppé et peut-être différemment pour François Baroin. Valérie était trop jeune pour avoir créé ce type de rapports. Mais Chirac lui accordait une attention réelle et avait noué avec elle un lien fort qui sans doute préexistait à son arrivée au cabinet[1]. »

Il est vrai que Frédéric Salat-Baroux penchait plutôt pour Xavier Bertrand lors de la primaire de 2021. Comme si l'héritage chiraquien ne devait pas être détourné. Mais la candidate à la présidentielle des Républicains entend bien continuer à marcher dans les pas de Jacques Chirac. Durant toute la campagne pour l'investiture, elle n'a cessé de le citer, affichant son mépris des sondages qui la donnaient éliminée au premier tour. À la fin du mois d'août 2021, à l'occasion d'une réunion publique à Brive, elle lançait encore à l'assistance : « Mes amis, à l'heure où j'engage pour la France tout ce que je suis, je revois le visage d'un Corrézien qui m'a tant donné, qui nous a tant donné : celui de Jacques Chirac[2]. »

Le lien corrézien

La Corrèze, dont la famille de Jérôme est originaire, elle y passe une grande partie de ses vacances. « C'est notre refuge, confie-t-elle. Il n'y a que nos vrais amis. » Alors qu'elle était historiquement un fief communiste, la Corrèze est devenue une terre chiraquienne. « Le grand », comme l'y appelaient les gens, a été député du département de 1967 jusqu'à son

1. Entretien avec l'auteur, 28 décembre 2021.
2. *Le Parisien*, 24 décembre 2021.

accession à l'Élysée, en 1995. Il fut aussi conseiller municipal de Sainte-Féréole entre 1965 et 1977, ainsi que président du conseil général de 1970 à 1979. Sa popularité s'étendait sur l'ensemble du département. Dans des villages comme Meymac, il recueillait jusqu'à 89 % des suffrages. La Fondation Jacques Chirac, créée par l'ancien chef d'État en 1971 pour accompagner durant toute leur vie les personnes handicapées, est aujourd'hui encore le premier pourvoyeur d'emplois du département, avec huit cents salariés sur le plateau des Millevaches. Chirac n'incarne pas seulement le passé de la « Corresa » : sa présence est encore palpable au quotidien, ne serait-ce qu'à travers son musée. Si, selon la formule d'André Malraux, en France tout le monde a été, est ou sera gaulliste, en Corrèze tout le monde a été, est ou sera chiraquien. Même si, chez les parents Pécresse, on n'avait guère apprécié l'« appel de Cochin » en 1978.

Jérôme Pécresse est viscéralement attaché à cette terre qui abrite sa famille depuis si longtemps. La Corrèze, c'est là où il s'est marié, tout comme son frère et sa sœur, et c'est là où chacun d'entre eux sera un jour enterré. « Le grand-père de mon grand-père, qui était instituteur et fermier, avait construit sa maison dans un hameau qui porte le nom de Pécresse », explique-t-il. La demeure familiale est désormais située à Combressol, un petit village de trois cent quarante-trois habitants, entre Égletons et Ussel. « Mes parents y vivent trois ou quatre mois par an, précise Jérôme Pécresse. Mon père est conseiller municipal depuis l'âge de dix-huit ans. Ce sont nos racines et Valérie les a adoptées. C'est un point d'ancrage pour moi et elle se sent chez elle en Corrèze. »

Valérie est entrée discrètement dans la famille, sans esbroufe, à vingt-cinq ans. À tel point que lorsque les Pécresse lui ont demandé ce qu'elle faisait dans la vie et qu'elle a répondu qu'elle travaillait au Conseil d'État, ils ont d'abord cru qu'elle était secrétaire et non auditrice.

Le mari de la candidate est bien conscient de la désertification qui s'étend sur une partie du département : « Dans ma jeunesse, il y avait près de chez nous une épicerie, deux boucheries, trois cafés et une boulangerie. Désormais il n'y a plus rien. » Son aîné Jean-Francis, directeur de Radio Classique et éditorialiste aux *Échos*, a repris cette tradition familiale du vin qui a vu les Corréziens investir dans le Bordelais, autour de Libourne. Il exploite leur propriété de Fronsac, le Canon-Pécresse, la dernière que possède encore la famille après avoir revendu les autres propriétés dans les années 1960, dont le Château Trotanoy, un petit frère du Pétrus.

Mais avec lui et leurs enfants, Valérie Pécresse aime plus que tout s'y ressourcer lors de leurs vacances. Ensemble, ils y passent chaque été deux semaines, en plus de la Toussaint et de Pâques. « Le plus beau, c'est la Toussaint : on va ramasser les cèpes, précise Jérôme. Valérie va pêcher à la mouche, elle fait de longues marches. On décompresse ! » Elle confirme : « Ce qu'on adore, c'est marcher et pêcher. Jérôme joue beaucoup au tennis, moi c'est plutôt yoga, pilates et natation dans l'étang. » Avec leurs enfants, les époux aiment se balader dans les montagnes, le long des gorges de la Dordogne. Ils apprécient aussi de déguster les spécialités culinaires locales. Les Pécresse sont voisins des sœurs Gratadour, des pâtissières aujourd'hui âgées de quatre-vingt-dix ans qui tenaient par le passé un restaurant très prisé de Jacques Chirac. « Il y venait tout le temps, se souvient Jérôme Pécresse. C'était le restaurant gastronomique de la Corrèze, on pouvait y déjeuner jusqu'à 17 heures. Les sœurs Gratadour nous préparent encore des choux farcis et de la flognarde. » Ce clafoutis aux poires est même devenu l'une des spécialités de Valérie Pécresse, depuis que les deux femmes lui ont révélé leur secret de fabrication.

Les Bordelais et les Parisiens qui reviennent en Corrèze l'été sont surnommés les « estives » ; mais les Pécresse, eux, y sont chez eux. « Ici, c'est comme la Bretagne : la terre, c'est de l'ardoise et du granit, souligne Jérôme Pécresse. À partir de Tulle, ce sont des tuiles. Denis Tillinac disait que le nord de la Corrèze, c'est l'Irlande, et le sud la Toscane. » Le mari de Valérie est intarissable sur l'histoire du département. Il aime raconter qu'il y a deux siècles les Corréziens vendaient le bois pour les tonneaux transportés dans les gabares, les bateaux à fond plat traditionnels de la Dordogne. Un savoir-faire développé après que les locaux eurent constaté, lors de la guerre de 1870, que les Bordelais ignoraient ce commerce. Ils se sont ainsi lancés dans le négoce au porte-à-porte avec des carnets de tournée. « C'est pour ça qu'ils sont devenus riches », précise Jérôme. Après l'épidémie de phylloxera, des Corréziens, comme Jean-Pierre Moueix ou Joseph Janoueix, ont racheté des vignes dans le Bordelais pour produire du vin. « Sur les étiquettes des bouteilles, ils mettaient "Meymac près Bordeaux" », sourit Jérôme Pécresse.

Une journée en Corrèze avec Valérie Pécresse

Pour comprendre ce lien à la Corrèze, le mieux est de la suivre une journée en ces lieux. J'en ai eu l'opportunité à la veille de Noël, alors qu'elle venait battre campagne, avant de passer le réveillon avec les siens dans la maison familiale achetée au boucher, non loin de celle des parents.

Premier rendez-vous du jour : la mairie d'Ussel. Elle arrive un peu stressée car elle a trois quarts d'heure de retard en raison d'un bug d'agenda et de son téléphone qui ne fonctionne plus. Le maire de la commune, Christophe Arfeuillère, nous accueille chaleureusement. Parmi les élus présents se trouve le sénateur LR Claude Nougein, un ancien conseiller général de Brive qui effectue son deuxième mandat au palais du Luxembourg. « Mon canton a été récupéré par le binôme Claude Chirac et Julien Bounie », précise-t-il. Le sénateur a bien connu Bernadette Chirac, qu'il avait même hébergée lorsque celle-ci menait campagne pour le canton de Brive-centre. Il avait omis d'en parler préalablement à son épouse, qui ne se montra guère ravie de retrouver l'ancienne Première dame tous les matins au petit-déjeuner. Par la suite, il a aussi accompagné Claude Chirac pour sa première campagne électorale sur son nom. Lorsqu'ils ont commencé leur tournée de porte-à-porte, après avoir sonné à la première maison, elle s'était tournée vers lui pour lui demander : « Qu'est-ce qu'on dit ? » Le début d'un apprentissage.

Au cours de la matinée, Valérie Pécresse s'amuse à raconter des anecdotes. Comme cette fois où elle a failli avoir un accident de voiture. Son mari lui avait dit : « Ma chérie, laisse-toi conduire par un militant ! » S'ensuit une série de blagues sur les femmes au volant. Elle fait aussi part de son regret de ne pas avoir son ami Denis Tillinac à ses côtés pour la présidentielle à venir. Après le décès de l'écrivain corrézien, en septembre 2020, elle lui avait rendu un vibrant hommage : « Avec lui, la politique n'avait pas l'odeur du sang, mais l'odeur des banquets républicains, celle des débats jusqu'au bout de la nuit, entre cigarettes et vin rouge[1]. » « Je suis malade de faire

1. *Le Figaro*, 27 septembre 2020.

une campagne sans lui, dit-elle aujourd'hui. Chaque été, on allait chez les Tillinac. Son épouse Monique m'avait un jour demandé d'organiser un dîner et d'inviter le journaliste Yves de Kerdrel et François Hollande. Ils sont venus avec leurs compagnes respectives et nous avons passé la soirée tous ensemble[1]. »

Dans son dernier livre, *Affronter*[2], François Hollande, qui pourrait se présenter aux législatives à Tulle, évoque Valérie Pécresse en termes mesurés, indiquant toutefois qu'il a prolongé son action dans l'enseignement supérieur : « Ministre, elle s'est attelée à une réforme des universités qui ne méritait pas les cris d'orfraie de la gauche. Sous mon quinquennat, nous lui avons donné une dimension nouvelle avec le regroupement des établissements d'enseignement supérieur car l'autonomie et l'excellence ne contredisent pas les objectifs de démocratisation et de professionnalisation des études supérieures. » Est-ce à dire qu'il voterait pour elle par aversion pour Macron, comme Chirac avait affiché son choix en sa faveur par dégoût de Sarkozy… obligeant du même coup les époux Salat-Baroux à tempérer les propos de l'ancien président en les mettant sur le compte de la maladie. Hollande ne franchit pas le Rubicon en la qualifiant de digne héritière de Chirac, à laquelle « les mots viennent plus facilement que les actes ». Mais il avait agi de même avec François Bayrou, qui pourtant l'avait soutenu ! Et pourtant, lors d'un déjeuner avec lui durant la primaire, il me confiera qu'elle a le meilleur programme de la droite.

L'un des moments phares du déplacement à Ussel est la visite du centre hospitalier. À l'heure où le variant Omicron

1. Entretien avec l'auteur, 23 décembre 2021.
2. Stock, 2021.

du Covid-19 déferle sur le pays, elle tient à témoigner son soutien aux soignants. Lors de sa visite des services, la candidate répète à maintes reprises son attachement aux hôpitaux de proximité. Le docteur Abdallah Tensaouti et l'infirmière Julie Marinier lui font part de leurs difficultés au quotidien. « On se sent vraiment abandonnés, disent-ils. Il nous manque une dizaine d'infirmières sur l'établissement, soit 10 % de nos effectifs. Nous avons dû fermer treize lits. On forme des gens, mais ils partent peu après. » La candidate à la présidentielle écoute avec une extrême attention. « Je me suis battue pour garder les IFSI[1] disséminés, explique-t-elle. On est équipés pour faire des chimios, mais les autres hôpitaux ne jouent pas le jeu, parce qu'ils sont rémunérés à l'activité. Le départ des médecins libéraux n'a pas été anticipé. » Un autre sujet lui tient particulièrement à cœur : « Je suis très engagée sur les soins palliatifs, c'est une question de dignité. »

Pour poursuivre le dialogue, elle propose aux médecins et aux soignants d'improviser une table ronde. « Rapprochez-vous du président du département Pascal Coste. Il ne mord pas, c'est important de l'avoir dans sa poche », ironise-t-elle sans préciser qu'il était favorable à Xavier Bertrand. Décidément, elle aura toujours dû s'imposer au forceps ! Le directeur de l'hôpital, qui compte mille six cents salariés, dont quatre cent soixante et un soignants, lui dresse un état des lieux : « La qualité et la proximité ne sont pas antinomiques, plaide-t-il. Nous sommes convaincus qu'un hôpital de taille intermédiaire comme le nôtre a un avenir avec l'appui de l'agence régionale de santé. » Une autre intervenante tire la sonnette d'alarme sur le problème du

1. Instituts de formation en soins infirmiers.

recrutement médical et paramédical, insistant sur le fait que l'intérim vide les hôpitaux publics. Le directeur, lui, parle carrément de « racket illégal » : « Ça peut aller jusqu'à 3 400 euros à la journée, avance-t-il. C'est indécent, mais fermer un service d'urgence, c'est catastrophique. » Valérie Pécresse se montre convaincue : « Il faut dénoncer cette situation. » Elle rappelle son objectif de recruter vingt-cinq mille soignants. « Le problème, c'est qu'à force de répéter que c'est un métier difficile et qu'il n'y a plus personne pour le faire, ce n'est pas très attirant, regrette-t-elle. Dans un établissement comme le vôtre, on voit que malgré tout l'ambiance reste bonne. C'est beaucoup moins convivial dans les hôpitaux des grandes villes. »

De son côté, Pascal Coste rappelle que la nécessité de recruter est d'autant plus urgente que les hôpitaux réalisent de plus en plus d'accompagnements en fin de vie. « On s'est mis d'accord avec la région pour qu'elle finance la formation », argue-t-il. Valérie Pécresse continue d'avancer ses solutions : « Il faut que nous fassions mieux connaître vos métiers aux jeunes et valoriser le travail de nuit. » Alors qu'un jeune interne intervient pour défendre la qualité de son stage, elle ajoute : « Il faut avoir une réflexion sur la rémunération des étudiants stagiaires et davantage de validation des acquis dans le médico-social. »

Avant de repartir, elle pose de nombreuses questions à ses interlocuteurs sur leur formation et leur parcours. « Il fallait la voir négocier avec les syndicats jusqu'à trois heures du matin quand elle était ministre de l'Enseignement supérieur, se rappelle son amie Fabienne Chol, qui était alors son chef de cabinet. Elle faisait comme on l'a vu dans l'émission de Bourdin en Corrèze : elle n'hésitait pas à dire "là ce n'est pas possible, mais continuons la discussion pour trouver d'autres solutions"[1]. » Guidée par le maire, elle se rend ensuite au centre-ville. Dans la rue, de nombreux badauds lui tendent le poing pour « checker ». En temps de crise sanitaire, les leçons d'embrassade de Jacques Chirac ne sont plus de saison. Elle visite un commerce solidaire, une boutique de vaisselle, puis les centres du Secours catholique et du Secours populaire. Sur le marché, elle s'arrête pour discuter avec les marchands. Lors d'une pause à la brasserie Le Tacot, les militants locaux lui offrent un tablier rouge. « C'est pour faire de la cuisine électorale », lui disent-ils en riant. Elle sort ensuite pour tenir une réunion publique devant quatre-vingts personnes. « Nous sommes en extérieur à cause du Covid », s'excuse-t-elle. Dans son allocution, elle revient sur les problèmes de l'hôpital, dont elle a été témoin le matin même. « Notre système de santé est fragile, particulièrement dans les départements ruraux. » Puis elle énumère plusieurs propositions de son programme présidentiel. « Les gens ont redécouvert que la droite avait quelque chose à dire au pays, poursuit-elle. Aujourd'hui, vous payez des impôts pour que l'État vous fasse des chèques pour payer l'essence. Vous voyez où on en est ? Le vrai sujet, c'est la revalorisation des salaires, la valeur travail ! » Et d'illustrer son propos par un exemple local : « Le président de votre conseil départemental, Pascal Coste, n'a pas fait comme François Hollande : il ne s'est pas contenté de donner des tablettes, il a mis les réseaux ! C'est ça, la droite des solutions. » Avant de lancer dans un sourire : « La Ve République a déjà connu deux présidents corréziens. Vous connaissez le dicton ? »

1. Entretien avec l'auteur, 25 janvier 2022.

Au loin, on entend la circulation de l'autoroute A89, surnommée « l'autoroute des présidents » car elle traverse les fiefs électoraux de trois anciens chefs d'État – la Corrèze de Jacques Chirac et de François Hollande, le Puy-de-Dôme de Valéry Giscard d'Estaing – et passe à proximité du Cantal de Georges Pompidou.

Au cours de ce bref séjour corrézien, nous avons partagé un repas chez Françoise Bleu, qui tient un restaurant à Meymac. Un établissement que fréquentait beaucoup Jacques Chirac du temps du père de Françoise. Le chef de l'État y dégustait de nombreux plats dont il raffolait, dont la fameuse tête de veau. Il était comme chez lui. « Quand Chirac disait en réunion : "J'ai eu un restaurateur corrézien qui m'a dit...", on pensait que c'était des conneries, raconte Valérie Pécresse. Mais lorsqu'un jour j'ai déjeuné dans ce restaurant et que j'ai entendu M. Bleu nous dire : "J'ai eu le grand au téléphone", j'ai compris que c'était vrai. » À une époque, Françoise Bleu a même été déléguée des Jeunes pour Chirac. « Il donnait envie d'avancer toujours plus loin, toujours plus haut », s'enthousiasme-t-elle. Toute la famille Bleu reste fidèle au souvenir de l'ancien président de la République, mais elle est aussi tournée vers l'avenir. « Mon fils, qui est DRH chez Constellium, à Issoire, avait dit à son grand-père : "Pépé, il faut évoluer, tu devrais t'intéresser à Valérie" », signale Françoise.

7

Conseillère à l'Élysée

À sa sortie de l'Ena, Valérie Pécresse est devenue maître des requêtes au Conseil d'État. Trois ans après, elle postule à la fonction de directrice générale adjointe du Centre national de la cinématographie (CNC). Un poste à sa mesure : depuis son plus jeune âge, le septième art la passionne. Elle aime les Français François Truffaut, Michel et Jacques Audiard, Éric Rohmer, les Américains Woody Allen, Spike Lee, Sofia Coppola, Billy Wilder et Joseph L. Mankiewicz, ou encore le Russe Nikita Mikhalkov et le Japonais Hirokazu. Elle se spécialise en droit audiovisuel et travaille à l'époque comme conseillère juridique au ministère de la Communication. Son entretien d'embauche se déroule pour le mieux et il semble évident que le poste lui tend les bras. Par honnêteté, elle se croit tout de même tenue de révéler à son futur employeur qu'elle est enceinte de trois mois. L'attitude gênée de son interlocuteur lui fait comprendre que cette information change la donne. Elle a beau s'engager à travailler de chez elle durant sa grossesse et à prendre un congé maternité aussi bref que possible, rien n'y fait : son interlocuteur met fin à l'entretien sans lui donner de réponse. Il ne la rappellera pas.

Même déconvenue, peu après, lorsqu'on lui propose de devenir secrétaire générale adjointe au Conseil d'État : la révélation de sa grossesse réduit à néant sa candidature. Elle pense qu'il en sera de même pour une place de commissaire de gouvernement, mais l'appui du président de la section du contentieux au Conseil d'État, Michel Gentot, la sauve. Elle en tirera les conséquences à la tête du conseil régional d'Île-de-France en soutenant toutes les femmes qui sont dans la même situation, comme le raconte sa directrice de cabinet Magali Lamir : « Quand elle m'a appelée pour me proposer de rejoindre le cabinet, mon fils venait de naître. Elle m'a répondu : "Ce n'est pas un problème, on va s'organiser." De plus, il y a beaucoup de femmes dans son entourage et elle ne fait pas de réunions intempestives le soir[1]. »

Dans sa nouvelle fonction de commissaire de gouvernement spécialiste des questions hospitalières, elle est saisie en février 1997 de l'affaire qui oppose les époux Quarez à l'hôpital de Nice, suite à la naissance de leur enfant trisomique. Elle fait juger à une voix près qu'il n'y a « pas de préjudice d'être né[2] ». La future ministre justifie sa décision par le fait qu'« il est extrêmement rare que des parents, après avoir fait la démarche de se soumettre à un tel test génétique et, à l'issue de celui-ci, après avoir appris que leur enfant est atteint d'une trisomie, n'aient pas recours à un avortement thérapeutique[3] ».

Cette même année, elle refuse la proposition du cabinet de Lionel Jospin, Premier ministre, de prendre en charge une mission interministérielle sur les technologies de l'information, l'un de ses sujets de prédilection. Ses collègues

1. Entretien avec l'auteur, 7 janvier 2022.
2. *Le Figaro*, 5 août 2009.
3. *Le Monde*, 2 février 1997.

du Conseil d'État découvrent ainsi avec surprise que la jeune femme n'est pas de gauche. Après huit ans passés au sein de l'institution, elle sent pourtant que l'heure est venue pour elle d'entamer un nouveau chapitre de son existence.

Pas de politique pour les femmes normales

Sur les conseils de son mari, Valérie Pécresse postule en 1998 pour un poste qui vient de se créer à l'Élysée : chargée des études et de la prospective. « Ma candidature au cabinet du président de la République résulte d'une prise de conscience personnelle au fil des ans, des jugements rendus et de mes missions dans l'administration : celle de l'incapacité des hauts fonctionnaires à véritablement changer la France, soutiendra-t-elle[1]. Les technocrates, dont se moquait tant Coluche, restent "technos" mais n'ont guère de pouvoir. Celui-ci a été transféré en grande partie aux cabinets ministériels au détriment des directeurs d'administration. » Voire : cette tendance ne s'est-elle pas inversée au fil du temps ?

Après avoir envoyé sa candidature, elle est convoquée pour un entretien avec Dominique de Villepin, le secrétaire général de l'Élysée. Par provocation, il lui fait savoir qu'elle fait figure de favorite pour le poste uniquement parce qu'elle est une femme. À l'issue de l'entrevue, il lui glisse : « Vous ne ferez jamais de politique parce que vous êtes une femme normale : vous avez un mari, des enfants. En politique, il n'y a pas de femme normale, il n'y a que des névrosées[2] ! » Pour parfaire sa démonstration, Villepin énumère toutes

1. *Être une femme politique...*, *op. cit.*
2. *Et c'est cela qui changea tout*, *op. cit.*

les femmes politiques qui, selon lui, ont sacrifié leur vie. Un constat pas totalement faux, même si, en l'occurrence, le concept de névrose n'est pas adéquat, puisqu'il s'applique à des degrés divers à tous les êtres humains. Mais alors qu'elle suggérait l'idée d'un congé maternité pour les responsables de l'exécutif, après que Rachida Dati eut qualifié Nicolas Sarkozy de « négrier », Nathalie Kosciusko-Morizet lui répond sans ambages : « C'est une idée crétine. T'es gentille, mais tu imagines ce que c'est de partir pendant quatre mois du gouvernement[1] ? »

L'entretien avec Jacques Chirac sera bien plus amical qu'avec le secrétaire général de l'Élysée, surnommé « Néron » par Bernadette et connu pour sa propension à humilier ses collaborateurs. Le chef de l'État évoque avec amusement leur première rencontre, à l'occasion de la remise de la Légion d'honneur à son grand-père, puis s'enthousiasme sur le nouveau lien de la jeune femme avec la Corrèze. Chirac apprécie aussi qu'elle parle russe, langue qu'il a lui-même apprise dans sa jeunesse.

Au début de l'année 1998, elle rejoint donc l'Élysée comme conseillère. Un choix qui n'a rien de carriériste : après la dissolution ratée de 1997, la Chiraquie semble dans l'impasse et le palais déserté. D'anciens proches de Jacques Chirac lui téléphonent pour la mettre en garde, arguant qu'elle commet un « suicide professionnel ». « Chirac c'est René Coty, la reine d'Angleterre, il ne fera qu'inaugurer les chrysanthèmes jusqu'à la fin de son mandat, lui prédisent les mauvaises langues. Si tu fais ça, tu ne seras plus rien[2]. »

1. Entretien avec l'auteur, 27 mai 2009.
2. *Et c'est cela qui changea tout*, *op. cit.*

Au cabinet élyséen, seule femme au sein d'une équipe masculine, divisée entre les politiques et les technos, elle est chargée des études et de la prospective. L'ambiance n'est pas à la reconquête du pouvoir, plutôt à l'inventaire avant fermeture définitive. Beaucoup de conseillers sont partis, seuls restent les derniers fidèles. Valérie Pécresse apprendra que Claude Chirac avait appuyé son recrutement afin de rajeunir l'équipe élyséenne. « Avec Claude, qui ne s'est jamais mêlée de décisions de fond, mais qui avait un rôle majeur entre son père et Villepin, elles se croisaient mais n'avaient pas de véritables rapports de travail au quotidien », précise Frédéric Salat-Baroux, nommé dans un premier temps secrétaire général[1].

Valérie Pécresse entreprend d'initier Jacques Chirac à l'Internet naissant, ce qui n'est pas une mince affaire. L'inexpérience du président de la République en matière d'informatique est un *running gag* qui fait rire la France entière. En janvier 1997, lors de la visite inaugurale de la Bibliothèque François-Mitterrand, des caméras de télévision l'avaient filmé demandant à une jeune femme qui lui faisait une démonstration devant un ordinateur : « Qu'est-ce que vous appelez la souris ? » Depuis, « Les Guignols de l'info » montrent chaque soir sa marionnette se perdre en conjectures devant un PC équipé d'un « mulot ».

Pour elle, l'ère numérique est déjà une réalité concrète. Afin de convaincre Chirac, elle lui montre comment surfer sur des sites Internet consacrés aux sumos, ces énormes « catcheurs » japonais sur lesquels Sarkozy ironisera plus tard. Même si le débit de l'époque ne permet pas encore de visionner des combats en direct, le président de la République

1. Entretien avec l'auteur, 27 mai 2009.

découvre avec joie qu'il peut connaître les résultats de tournois qu'aucun média français ne couvre. Elle lui montre aussi des pages web consacrées à la paléontologie, aux arts aborigènes ou au trombinoscope des élus. Le président comprend qu'Internet n'est pas qu'un simple gadget, mais un outil qui va révolutionner l'ensemble des pratiques quotidiennes. Lors de ces conversations, il leur arrive aussi d'échanger sur la littérature russe ou le Japon, deux centres d'intérêt qu'ils ont en commun. Jacques Chirac la compare parfois à Élisabeth Guigou, qui officia longtemps au cabinet de François Mitterrand avant de se lancer dans l'action politique.

Si Dominique de Villepin continue de la regarder de haut, elle ne se laisse pas faire et le traite aujourd'hui de « pervers narcissique », terme largement galvaudé. Mais elle sait se rendre sympathique auprès d'autres membres du cabinet. « En 2002, je venais de perdre mon père, j'en étais très marqué mais j'avais mis un point d'honneur à ce qu'on ne le voie. Elle est la seule à l'avoir vu et à avoir trouvé les mots justes. Incontestablement, il y a chez elle une compréhension empathique des situations difficiles », confie Frédéric Salat-Baroux qu'elle avait croisé au Conseil d'État.

Premiers pas dans une campagne présidentielle

Après la victoire de l'équipe de France à la Coupe du monde de football en juillet 1998, la liesse générale offre à Jacques Chirac un fort regain de popularité. Dans les enquêtes d'opinion, il finit même par dépasser son Premier ministre, Lionel Jospin. Celui-ci a commis l'erreur, dans l'avion qui le ramenait de la Réunion, de décrire un président « vieilli, usé, fatigué », avant de se faire caillasser par des militants palestiniens lors d'une visite de l'université de Bir Zeit, pour avoir qualifié le Hezbollah d'organisation terroriste. Convoqué à l'Élysée, le Premier ministre refuse de déférer à l'injonction présidentielle[1]. Mais il va perdre progressivement la main, dès lors que le chef de l'État imprime sa prééminence sur le « domaine réservé ». Toute la droite se remet alors à croire à la perspective d'un second mandat.

Durant cette période de préparation de la campagne présidentielle, Valérie Pécresse est chargée par Chirac de faire office d'agent de liaison entre lui et un groupe informel qui réunit des responsables des différentes sensibilités de la droite. Parmi eux figurent notamment Jean-Pierre Raffarin, Michel Barnier et Dominique Perben. En janvier 2000, l'ancien patron de la Lyonnaise des eaux, Jérôme Monod, vieux compagnon de route du président, devient son conseiller spécial et prend Valérie Pécresse sous sa coupe. Il est chargé de remettre de l'ordre à droite et d'en rassembler toutes les tendances, ce qui aboutira à la création de l'UMP. Valérie Pécresse va beaucoup apprendre à ses côtés. « Chirac aurait pu éviter de se faire piquer l'UMP, s'il l'avait voulu, me confiera-t-il une décennie plus tard. Mais le parti a été fracassé par Sarkozy, qui n'a pas su cajoler les centristes et les radicaux. Ce n'était pas la tasse de thé de Claude Guéant [le secrétaire général de l'Élysée sous Sarkozy][2]. » Dans cette perspective, la conseillère élyséenne est chargée d'animer des groupes de réflexions sur plusieurs de ses sujets de prédilection. À l'approche de la présidentielle, elle accueille toutes les bonnes volontés pour dynamiser

1. *Cf.* Hubert Coudurier, *Le Monde selon Chirac*, Calmann-Lévy, 1998.
2. Entretien avec l'auteur, 30 juin 2011.

la campagne et recrute ainsi une jeune femme âgée de vingt-huit ans, Nathalie Kosciusko-Morizet, afin d'élaborer des notes sur l'écologie.

Valérie Pécresse travaille d'arrache-pied dans les groupes techniques du candidat. « Dans la campagne de Chirac, elle se révèle vraiment, affirme Frédéric Salat-Baroux. Elle est efficace dans les groupes de travail et s'impose dans son domaine. Elle sent certains sujets monter avant les autres. Elle a toutes les caractéristiques de quelqu'un qui maîtrise les dossiers, travaille bien de façon coopérative, notamment sur les questions de sécurité qui seront essentielles durant la campagne de 2002. » Salat-Baroux, qui deviendra secrétaire général en 2005, lui reconnaît une qualité fondamentale : « Elle veut en découdre et pour elle la vie est le résultat d'une acceptation des risques. Un trait de caractère assez rare, surtout aujourd'hui. » Elle considère qu'il faut gagner les choses plutôt que les recevoir.

Le pouvoir va bientôt s'éloigner peu à peu de Jacques Chirac. Il semble désinhibé et de plus en plus seul. « Chirac ne va pas très bien, mais Bernadette est infecte avec lui. Quand on demande : "Où est le président ?", elle répond : "Il garde le chien[1]." »

1. Entretien avec Antoine Rufenacht, 15 septembre 2010.

8

Dans l'ombre de Sarkozy

« J'ai eu deux mentors dans ma vie : Jacques Chirac et Nicolas Sarkozy », affirme Valérie Pécresse[1]. Pourtant, si le premier s'est montré paternel à son égard, la relation avec le second sera plus difficile.

Car Valérie Pécresse est chiraquienne, Nicolas Sarkozy a été balladurien. Durant les années qui ont suivi l'affrontement fratricide entre Balladur et Chirac à la présidentielle de 1995, ces deux camps se sont voué une haine viscérale. Lorsque la future candidate à la présidentielle est devenue conseillère à l'Élysée en 1998, Nicolas Sarkozy sentait encore le soufre au sein du RPR. Lui qui avait entretenu un lien quasi filial avec Jacques Chirac, avant de faire allégeance à Édouard Balladur, était considéré par les militants comme le traître absolu. Des mois durant, après la victoire de Chirac, il n'a pu se rendre à un meeting du parti sans se faire huer, voire cracher dessus. Il a donc fait profil bas, avant d'être nommé secrétaire général du RPR en juillet 1997 par la volonté de Philippe Séguin, nouveau président du parti, qui souhaitait mettre fin à la guerre contre les balladuriens. Suite à la démission surprise de

1. « Une ambition intime », M6, 7 novembre 2021.

Séguin en avril 1999, pour cause de conflit avec Jacques Chirac, le jeune maire de Neuilly se retrouve propulsé président du parti par intérim et tête de liste aux élections européennes. L'échec historique de sa liste, qui n'a recueilli que 12,8 % des suffrages, l'a contraint à démissionner de ses fonctions et à se retirer provisoirement de l'action politique.

Nicolas Sarkozy revient progressivement sur le devant de la scène en 2002, à l'initiative de Dominique de Villepin, secrétaire général de l'Élysée, un « capitaine Fracasse » qui a mis le « château » sous tension. Après sa réélection, Jacques Chirac le nomme au ministère de l'Intérieur, non sans arrière-pensée : le président juge qu'il vaut mieux avoir avoir l'enfant terrible dedans que dehors. Le nouveau locataire de la place Beauvau s'illustre par une politique musclée contre la délinquance et un vocabulaire décomplexé qui séduit l'électorat de droite, notamment sa formule sur le nettoyage des quartiers au Kärcher que réutilisera Valérie Pécresse dans une interview à *La Provence*, le 5 janvier 2022.

Malgré la farouche antipathie que continuent de lui vouer les chiraquiens, Nicolas Sarkozy impose son style et gagne en popularité, au point d'afficher clairement son ambition présidentielle. Dans cette perspective, il prend en septembre 2004 la présidence de l'UMP, laissée libre suite à la démission d'Alain Juppé condamné dans le cadre de l'affaire des emplois fictifs de la mairie de Paris. C'est à cette occasion que Valérie Pécresse va croiser sa route.

« Je te demande d'être loyale envers nous deux »

La prise du parti par Nicolas Sarkozy symbolise la perte de contrôle de l'appareil par Jacques Chirac, pour la première fois depuis la création du RPR en 1976. L'ex-ministre de l'Intérieur n'a pas pour autant la mainmise sur l'ensemble de la droite. Nombre de clubs plus ou moins informels rassemblent encore les fidèles du chef de l'État, qui n'ont pas l'intention de laisser l'ambitieux étendre son influence sans résistance. Parmi eux, on compte le Groupe de l'union d'Éric Woerth et Xavier Darcos, le Groupe des dix autour de François Baroin, les libéraux du Groupe des réformateurs dont le chef de file est Hervé Novelli. Valérie Pécresse, elle, fait partie d'un groupe d'une vingtaine de députés UMP qui se réunit toutes les deux semaines autour de Philippe Douste-Blazy. Elle est également l'une des animatrices du club Dialogue et Initiative de Jean-Pierre Raffarin, censé préparer l'avenir politique du Premier ministre après son départ de Matignon.

La première rencontre en tête à tête entre Valérie Pécresse et Nicolas Sarkozy a lieu peu de temps après l'accession de ce dernier à la tête de l'UMP. La députée des Yvelines, l'une des porte-parole thématiques du parti, s'attend à ce que le nouveau président lui fasse comprendre qu'il souhaite nommer l'un de ses proches à sa place et la congédie avec les formes. Elle le vouvoie, il la tutoie d'entrée de jeu et lui demande de faire de même. Puis il lui annonce qu'elle conservera sa fonction de porte-parole. Lorsqu'elle évoque sa loyauté envers le chef de l'État, il balaie l'objection d'un revers de main : « Je ne te demande pas de renoncer à ta loyauté envers Jacques Chirac, je te demande d'être loyale envers nous deux. Et si à un moment donné tu te trouves en conflit, eh bien, tu ne dis rien. Tu vois comme c'est simple[1] ? »

Après l'entretien, Valérie Pécresse téléphone aussitôt à Chirac, qui lui conseille d'accepter la proposition. Le 1er décembre, Nicolas Sarkozy rend public le nouvel organigramme du parti, subtil équilibre entre sarkozystes convaincus et fidèles chiraquiens : Jean-Claude Gaudin reste vice-président, Pierre Méhaignerie devient secrétaire général, Brice Hortefeux secrétaire général délégué, François Baroin et François Fillon sont nommés conseillers politiques, Éric Woerth demeure trésorier, tandis que Valérie Pécresse et Luc Chatel sont tous deux porte-parole. « Je les voyais ensemble tous les lundis matin rue La Boétie, se rappelle Brice Hortefeux. Ils s'entendaient bien, il n'y avait pas de rivalité entre eux[2]. » Franck Louvrier, ancien conseiller en communication de Nicolas Sarkozy, renchérit : « Valérie n'était pas perçue comme l'œil de Moscou au parti. Mais quand Nicolas n'arrive pas à convaincre, il est dans le rapport de forces. Il n'a jamais contesté la pertinence politique de Valérie, mais elle était perçue comme une fidèle chiraquienne[3]. » Et surtout incontrôlable, car répugnant à se soumettre.

Au-delà de ses fonctions à l'UMP, Valérie Pécresse continue d'œuvrer à l'Assemblée nationale, notamment au sein d'une mission d'information sur la famille et les droits de l'enfant qu'elle intègre en janvier 2005, déposant dans ce cadre une proposition de loi pour garantir à chaque enfant les mêmes droits et la même protection. Plus tard, elle présentera une autre proposition de loi visant à

1. *Et c'est cela qui changea tout*, *op. cit.*
2. Entretien avec l'auteur, 27 décembre 2021.
3. Entretien avec l'auteur, 14 décembre 2021.

moraliser le recours aux stages par les entreprises. Elle participera également à l'élaboration d'un rapport qui s'opposait à la reconnaissance de l'homoparentalité. « La loi n'a pas à donner une consistance à une revendication qui s'éloigne de la vraisemblance biologique et qui n'est pas conforme à la vérité de l'origine de l'enfant[1] », déclare-t-elle à l'époque. Ce qui ne l'empêchera pas, en septembre 2006, de déposer un amendement proposant une délégation de responsabilité parentale pour améliorer la situation des couples homosexuels. « Il s'agit de donner une place au "parent social" en l'autorisant à accomplir les actes usuels de la vie de l'enfant : aller le chercher à l'école, l'accompagner chez le médecin ou l'emmener en vacances en France, arguera-t-elle alors. Le parent légal déléguera sa responsabilité par un acte devant notaire ou un acte sous seing privé. »

Par ses sorties médiatiques, elle affiche son style. « Elle a toujours eu ce style BCBG, mais, contrairement aux apparences, elle ne l'est pas dans sa tête », estime Franck Louvrier[2]. Elle tonne contre l'opposition dès que celle-ci critique la politique du gouvernement, calme les députés UMP lorsqu'ils s'inquiètent de la tournure de la loi d'orientation sur l'école conduite par le ministre de l'Éducation nationale, François Fillon. Parfois aussi, elle prend des positions iconoclastes à droite. « La France est une société métissée qui ne se voit pas comme telle, déclare-t-elle. Il faut pourtant le savoir : les habitants des ghettos et ceux des beaux quartiers finiront par se mélanger. Nos frontières vont s'ouvrir à de nouvelles formes d'immigration, venant d'Asie comme des pays de l'Est. Nous sommes à la croisée

1. *Le Monde*, 20 juin 2006.
2. Entretien avec l'auteur, 14 décembre 2021.

des chemins et nous avons peur. La peur de l'autre, de l'étranger[1]. » Une vision prémonitoire.

Une chiraquienne progressivement étiquetée sarkozyste

Au fil des mois, la mainmise de Nicolas Sarkozy sur l'ensemble du mouvement gaulliste se renforce. Depuis qu'il s'est emparé du parti, l'UMP a enregistré trente mille nouvelles adhésions de militants totalement acquis à l'ancien ministre de l'Intérieur. Lors des réunions publiques, les personnalités du parti se réfèrent moins souvent à Jacques Chirac. L'heure est à la « sarkozisation » des esprits, avec la présidentielle de 2007 en ligne de mire. Parmi les chiraquiens, beaucoup ont déjà un pied et demi dans le camp d'en face. D'autant que Sarkozy fait tout pour apparaître comme rassembleur, faisant mine d'oublier les anciens affrontements avec les proches du chef de l'État. La nomination de Dominique de Villepin à Matignon et le retour de Nicolas Sarkozy à l'Intérieur comme ministre d'État, en juin 2005, vont changer la donne. À cette occasion, le nom de Valérie Pécresse circule de nouveau pour entrer au gouvernement, mais ce ne sera pas pour cette fois. La position de la députée des Yvelines devient parfois délicate. Sarkozy et Villepin se livrent désormais une guerre larvée, avec bientôt l'affaire Clearstream en toile de fond. En tant que porte-parole de l'UMP, elle ne cache pas ses réserves sur le plan pour l'emploi du Premier ministre. « N'attendons pas de ces

1. *Le Monde*, 22 août 2006.

mesures plus qu'elles ne peuvent livrer[1] », déclare-t-elle alors pudiquement.

Si la volonté de Nicolas Sarkozy de se présenter à la prochaine présidentielle n'est plus un secret pour personne, Dominique de Villepin laisse de plus en plus entrevoir la sienne. En septembre 2005, les deux hommes tentent, chacun de son côté, d'élargir leur influence lors de l'université d'été des jeunes de l'UMP à La Baule, puis lors des journées parlementaires du parti à Évian. Chacune de leurs petites phrases est scrutée à la loupe par les médias. Dominique de Villepin, qui n'était guère populaire auprès des députés à son arrivée à Matignon, remonte peu à peu la pente. Au point que certains l'imaginent désormais en rival de Sarkozy pour la présidentielle. Interrogée à ce sujet, Valérie Pécresse botte en touche : elle évoque « l'arrivée d'un troisième homme qui pourrait être une femme[2] » et cite Michèle Alliot-Marie. Et n'écarte même pas une bien improbable candidature de Jacques Chirac pour un troisième mandat, car « en politique tout est possible ». Une sortie qui n'est en réalité qu'une amabilité envers le chef de l'État. Âgé de soixante-treize ans, il a été fragilisé quelques mois plus tôt par un accident vasculaire qui lui rend inenvisageable de concourir pour un nouveau mandat.

Lorsque approche l'heure de l'investiture UMP pour la présidentielle, les médias n'hésitent désormais plus à accoler à Valérie Pécresse l'étiquette de sarkozyste. Il est vrai qu'elle met du cœur à l'ouvrage pour préparer le terrain au patron du parti. « Juppé, à l'UMP, n'avait plus de ressort. Quand on lui passait des notes, il ne les regardait plus.

1. *Le Monde*, 29 juin 2005.
2. *Le Monde*, 12 décembre 2005.

Sarko a un très bon réseau qui l'alimente », me confie-t-elle alors. Avant même le début de la campagne officielle, elle ne manque pas une occasion de fustiger les prises de position de Ségolène Royal, la candidate socialiste. Lorsque celle-ci propose la création de « jurys de citoyens » chargés d'évaluer l'action des élus, la porte-parole de l'UMP ne mâche pas ses mots pour dénoncer une « proposition démagogique et populiste ». « Remplacer le suffrage universel par le tirage au sort, s'insurge-t-elle, ce n'est pas du tout faire progresser l'idéal démocratique. Cela renvoie à une vision un peu étrange de la démocratie qui rappelle le temps de la révolution culturelle de Mao en Chine[1]. » Lorsque la candidate du PS listera les mesures qu'elle souhaite mettre en œuvre contre les violences faites aux femmes, Valérie Pécresse ira jusqu'à dénoncer « l'ignorance injustifiable et inexcusable[2] » de Ségolène Royal, l'accusant d'oublier que l'une de ses propositions phares – l'éloignement du conjoint des femmes battues – a déjà été instaurée par les gouvernements de droite.

Au cours de cette période, la candidate socialiste refuse de débattre avec Valérie Pécresse sur le plateau de l'émission « Ripostes », sur France 5, dont elle est l'invitée principale. L'équipe de Serge Moati, qui a pourtant convié la porte-parole de l'UMP, doit faire machine arrière à la demande de Ségolène Royal. « Trois jours plus tard, on m'a rappelée pour me dire que Mme Royal ne voulait plus de moi, parce qu'elle ne souhaitait pas un débat trop agressif[3] », explique Valérie Pécresse, à qui l'on prête fin 2006 le désir de devenir porte-parole de la campagne de Nicolas Sarkozy.

1. *Le Monde*, 23 octobre 2006.
2. *Le Monde*, 23 janvier 2007.
3. *Le Monde*, 27 décembre 2006.

Un poste que convoitent également Patrick Devedjian, Roger Karoutchi et Nadine Morano. La fonction reviendra finalement à Rachida Dati et Xavier Bertrand – qui se comportent comme des lions en cage en dépit de leur prétendue « bonne entente » –, Valérie Pécresse et Luc Chatel demeurant porte-parole de l'UMP.

Lors de la présidentielle de 2007, elle n'est donc pas aux avant-postes, mais participe à de nombreuses réunions stratégiques. Dès qu'il pressent un mauvais coup des chiraquiens, Sarkozy ne manque pas de lui glisser qu'il vient de ses « amis ». Elle anime tout de même quelques réunions publiques de petite envergure en Île-de-France, effectue un déplacement en Suisse pour inciter les résidents français à voter pour le candidat UMP. Elle intervient également dans le débat public pour faire valoir son expertise sur des sujets tels que la politique familiale ou pour étriller Ségolène Royal, dont elle juge « irresponsable, inconséquente et faussement généreuse[1] » la proposition de régularisation de tous les immigrés sans-papiers parents et grands-parents d'enfants scolarisés en France.

Le 12 avril 2007, elle accompagne François Fillon pour un déplacement au Mans, auquel participent également Rachida Dati et Rama Yade. Le futur Premier ministre a souhaité s'entourer du trio pour symboliser le gouvernement « paritaire » qu'il est appelé à diriger. Devant les journalistes, Fillon glissera : « C'est Rama, la meilleure[2]. » Valérie Pécresse n'apprécie pas.

Face aux « sarkozettes »

1. *Le Monde*, 27 mars 2007.
2. *Le Monde*, 19 avril 2007.

Quelques semaines plus tard, la députée des Yvelines fait partie de l'équipe chargée de préparer Nicolas Sarkozy pour le débat de l'entre-deux-tours, notamment sur le dossier de la famille, un des sujets de prédilection de son adversaire socialiste. Après la victoire, sa nomination au gouvernement paraît logique. Son nom est un temps évoqué pour mener la Réforme de l'État, puis pour le ministère de l'Enseignement supérieur. Nommé Premier ministre, François Fillon l'appelle pour lui proposer le poste. Puis, second coup de fil pour lui dire : « Valérie, j'aimerais vraiment te nommer ministre, mais fais quelque chose avec Sarkozy : il est persuadé que tu ne l'aimes pas[1]. » Réponse : « François, que veux-tu exactement que je fasse pour le persuader que je l'aime[2] ? » Elle est finalement nommée ministre de l'Enseignement supérieur et de la Recherche. Elle n'a pas encore quarante ans.

Comme prévu, la nouvelle ministre affronte donc une forte contestation au sein des universités. Mais elle tient bon. Elle doit ravaler sa colère quand le président de la République reçoit dans son dos des opposants à la réforme. « Sarkozy l'a beaucoup aidée, plaide Franck Louvrier. Il faisait les réunions avec elle dans l'espoir que la contestation ne nous pète pas à la figure. Comme ministre, Valérie était moins compliquée que Nathalie Kosciusko-Morizet, qui faisait du billard à trois bandes. Luc Ferry, en 2003, avait dû renoncer à la même réforme. Avec elle, c'était carré[3]. »

Aux yeux du président, Valérie Pécresse compte cependant bien moins que d'autres figures féminines du gouvernement, Rama Yade et Rachida Dati notamment que son

1. *Et c'est cela qui changea tout*, *op. cit.*
2. *Ibid.*
3. Entretien avec l'auteur, 14 décembre 2021.

entourage appelle les « girls ». D'abord parce qu'elle reste une ancienne chiraquienne, ensuite parce qu'il la trouve trop scolaire. Faute de charisme, il ne voit pas l'intérêt de la mettre en lumière. S'il respecte sa force de travail, il la juge ennuyeuse et la surnomme « Madame moi je ». « Quand je pense à Valérie, je pense au sérieux, dira quelques années plus tard ce spécialiste ès-vacheries. Elle connaît ses dossiers, elle fait le boulot. Par moments, j'aurais souhaité qu'elle ait plus de fantaisie. Mais Valérie Pécresse, c'est solide[1]. » Réplique de l'intéressée : « À l'époque, Nicolas Sarkozy avait ses chouchoutes. C'était les "sarkozettes", des filles qui étaient ses groupies et qu'il avait fabriquées. Et moi j'étais la chiraquienne, donc je n'avais pas de protecteur. Elles, elles pouvaient faire pas mal d'excentricités. Une Rama Yade qui disait : "Il ne faut pas inviter Kadhafi", une NKM qui disait : "Ils sont tous antiécolos", étaient toujours pardonnées. Moi, la fantaisie, je ne me l'autorisais pas, parce que j'étais une enfant adoptée. On était rentré dans la famille, mais parce que l'on était sage et que l'on faisait le boulot[2]. »

Si ses relations avec ses collègues féminines du gouvernement ne sont pas toujours fluides, Valérie Pécresse sait pourtant jouer collectif quand le bruit d'un remaniement circule au début de l'année 2008. « Les femmes ministres se sont plutôt bien débrouillées, déclare-t-elle alors. On a une identité forte et on a porté de nombreuses réformes. Les hommes, eux, ont eu peur d'exister, et du coup ils sont un peu transparents[3]... » Pas plus mal, finalement, de rester à l'écart de la volière où les rivalités peuvent être féroces. Nadine Morano se plaint de ne pas avoir eu de

1. « Une ambition intime », M6, 7 novembre 2021.
2. *Ibid.*
3. *Le Monde*, 16 février 2008.

promotion. « Tu as vu comment elle me parle », dit un jour Nicolas à Valérie. Rama Yade, volontiers allumeuse, finit par se faire virer.

Durant toute la durée du quinquennat, sa relation avec Nicolas Sarkozy restera compliquée. « Je n'ai jamais été témoin de tensions entre eux », affirme cependant Franck Louvrier. « Valérie Pécresse ne faisait pas partie du cercle rapproché de Sarkozy, indique Jérôme Lavrilleux, alors directeur de cabinet de Jean-François Copé. Au gouvernement, elle n'était pas particulièrement "traitée". Je n'ai jamais entendu Sarkozy dire du bien ou du mal d'elle. Dans son logiciel, c'est le pire qui puisse arriver, parce que cela signifie que vous n'existez pas à ses yeux. Pour lui, même dire du mal pouvait être une marque d'affection. Valérie Pécresse, elle, n'a jamais été dans son radar, ni en tant que proche ni en tant qu'ennemie[1]. »

Nicolas Sarkozy aime distribuer publiquement des bons et des mauvais points à ses ministres. Au printemps 2008, tous les jeudis matin, il réunit à l'Élysée le « clan des sept », tous membres du gouvernement, à qui il promet d'être l'ossature de sa nouvelle équipe après sa future réélection : Brice Hortefeux, Xavier Bertrand, Laurent Wauquiez, Xavier Darcos, Éric Woerth, Luc Chatel et Nadine Morano. Les autres ministres jalousent ce cercle très fermé. Valérie Pécresse, tout comme Rachida Dati et Rama Yade, semblent désormais moins en cour auprès du chef de l'État. Avoir réussi la réforme des universités ne suffit pas à combler le président. Valérie Pécresse ne prend pas suffisamment la lumière. Il lui arrive même d'agacer le président, comme en septembre 2008, lorsqu'il la convoque à l'Élysée avec

1. Entretien avec l'auteur, 20 décembre 2021.

Roger Karoutchi et Yves Jégo pour leur ordonner de cesser leurs querelles à propos des élections régionales de 2010 en Île-de-France. Tous trois veulent alors la tête de liste de l'UMP pour succéder au socialiste Jean-Paul Huchon à la présidence de la région. Nicolas Sarkozy doit aussi gérer la rivalité entre Valérie Pécresse et un autre de ses collègues du gouvernement, Christian Blanc, le secrétaire d'État au Développement de la région capitale, à qui elle s'oppose sur la question de l'aménagement du plateau de Saclay. « Pécresse a un degré de détermination assez hors norme qu'on ne perçoit pas toujours, avance Franck Louvrier. Chez les femmes, l'ambition se voit moins. »

Pour les municipales de 2008, elle hésite un temps à se présenter à Versailles, puis renonce. En mai 2009, après la forte contestation qu'elle a subie au sein du monde universitaire, elle manque de peu d'être remplacée à son ministère. Alors que Nicolas Sarkozy envisageait de la transférer à une fonction moins exposée, elle s'accroche. Un mois plus tard, le remaniement est annoncé : elle conserve sa place. Elle ne changera d'affectation qu'en juin 2011, pour devenir ministre du Budget et porte-parole du gouvernement. Un poste de prestige, mais qui répond en grande partie à une stratégie de Nicolas Sarkozy : jouer la carte « paritaire », moins d'un an avant la présidentielle. Tout se décide à l'Élysée sous l'autorité du secrétaire général Xavier Musca chargé de fixer le tempo du redressement des comptes imposé par Bruxelles. « Elle ne faisait que répéter des éléments de langage et attaquait sans cesse l'opposition », se souvient une journaliste qui suivait Bercy. À l'époque, formée à l'école chiraquienne, elle se méfie des journalistes. Son beau-frère Jean-Francis Pécresse, directeur de Radio Classique, lui expliquera qu'elle doit s'adapter à son époque. Le chef de l'État fera d'ailleurs peu appel à elle lors de la campagne de 2012. « Je n'ai aucun souvenir d'elle durant la campagne », confirme Jérôme Lavrilleux, alors directeur adjoint de la campagne du président sortant. Valérie Pécresse n'en considère pas moins Nicolas Sarkozy comme un mentor : il lui a tout compte fait rendu service. Il la libère de toute dette à son égard. En revanche, même s'il en a fait une ministre, il se place pour sa part dans une position inconfortable en refusant d'être le premier à la soutenir après sa victoire aux primaires de la droite.

9

Otage de la guerre Fillon-Copé

Dès le lendemain de la défaite de Nicolas Sarkozy à la présidentielle de 2012, la guerre de succession s'ouvre à l'UMP. Avec l'annonce du retrait de l'ancien chef de l'État, la droite se retrouve sans leader naturel. Celui qui prendra la tête de l'UMP est donc appelé à devenir le chef de file de l'opposition et le candidat putatif de la droite au prochain scrutin élyséen. Deux hommes se préparent depuis longtemps : Jean-François Copé, le secrétaire général de l'UMP, et François Fillon, l'ancien Premier ministre. Leur affrontement va dépasser le cadre d'une simple confrontation politique. Ils se vouent une haine viscérale et, d'emblée, chacun à droite est sommé de choisir derrière lequel il se range.

Valérie Pécresse ne met pas trop de temps à se positionner : le 21 juin, elle annonce officiellement son soutien à François Fillon. « J'ai de l'amitié pour Jean-François Copé, je ne m'en cache pas, je l'ai toujours assumé, déclare-t-elle à l'époque. Mais aujourd'hui, je considère en conscience que le meilleur pour nous faire gagner en 2017, c'est François Fillon[1]. » Elle affirme avoir choisi l'ancien Premier ministre parce qu'il incarne le gaullisme social et qu'il est à ses yeux

1. *Le Figaro*, 21 juin 2012.

le plus à même de rassembler la droite. Avec Laurent Wauquiez et Éric Ciotti, elle sera l'un des trois principaux lieutenants de l'ancien locataire de Matignon pour sa campagne et ne retiendra pas ses coups.

Chez les copéistes, on crie à la trahison. Et pour cause : la députée des Yvelines était jusqu'alors considérée comme proche de Jean-François Copé. « Avant cette lutte pour la présidence de l'UMP, Valérie Pécresse évitait soigneusement les ennuis, afin de ne se fermer aucune porte, estime Jérôme Lavrilleux, ancien directeur de cabinet de Copé. Elle s'était toujours efforcée de passer sous les écrans radar des rivalités. Mais là, elle avait choisi son camp[1]. »

Du sang sur les murs

Dans un passé récent, Valérie Pécresse a fait partie d'un groupe informel de quadras surnommés « les mousquetaires de l'UMP ». Suscitée par Jean-François Copé en 2010, la petite bande rassemblait à l'origine autour de lui François Baroin, Christian Jacob, puis Bruno Le Maire, Luc Chatel et un peu plus tard Valérie Pécresse, qu'il avait lui-même conviée. « J'ai connu Valérie au mariage d'un copain de promo de Sciences Po quand j'avais vingt-quatre ans, explique le maire de Meaux. J'écrivais un livre, *Ce que je n'ai pas appris à l'Ena*. Je l'ai revue au cabinet de Chirac, qui me l'a présentée, puis je l'ai prise comme tête de liste aux régionales, où nous avons été battus. Nous avons sympathisé et échangé des idées[2]. »

1. Entretien avec Martin Leprince, 21 décembre 2021.
2. Entretien avec l'auteur, 20 décembre 2021.

Les mousquetaires s'étaient juré de s'entraider pour éviter de se perdre dans des querelles fratricides, comme l'avaient si souvent fait leurs aînés, notamment à l'époque des « rénovateurs ». Ils avaient en commun d'appartenir à une même génération, de posséder déjà une bonne expérience et de croire en leur destin politique. Tous anciens chiraquiens ou assimilés, ils attendaient leur heure pour jouer les premiers rôles. À l'époque, ils se retrouvaient une fois par mois pour un dîner. Ils évoquaient alors leur « amitié » qui, comme chacun sait, fluctue en politique. En septembre 2010, ils signaient ensemble une tribune dans *Le Figaro* intitulée « Les conditions de la victoire en 2012 ». Un coup d'éclat médiatique qui mit leur alliance sur la place publique, alors qu'elle devait demeurer secrète. « Cela ne devait pas être un club au profit de l'un ou de l'autre, mais un lieu de rencontre et d'échanges, précisera Valérie Pécresse après que la bande aura volé en éclats. En réalité, ce groupe d'amis est venu se télescoper à la stratégie de Jean-François [Copé], qui était une stratégie individuelle. J'ai senti que, pour lui, ce n'était pas une question d'amitié, mais une question d'ambition[1]. »

La belle entente connaît un premier coup de canif en juin 2011, lorsque Bruno Le Maire et François Baroin se disputent la succession de Christine Lagarde au ministère de l'Économie et des Finances. De manière moins frontale, Valérie Pécresse s'est positionnée pour obtenir le Budget, François Baroin ayant finalement obtenu Bercy. Le groupe se rabiboche tant bien que mal, mais leur unité semble désormais circonstancielle. Lors de la campagne présidentielle, le 10 avril 2012, ils se retrouvent côte à côte sur la scène du

1. *Le Monde*, 11 juillet 2013.

meeting de Provins (Seine-et-Marne), pour appeler d'une même voix à la réélection de Nicolas Sarkozy. La photo est belle, mais c'est leur chant du cygne. En politique, l'amitié dure rarement.

Le début de la course pour la présidence de l'UMP sonne définitivement le glas des « mousquetaires ». Chacun envisage d'abord plus ou moins sérieusement de concourir sur son propre nom. Baroin décide ensuite de rallier Fillon. Jacob et Chatel soutiennent Copé. Le Maire reste en retrait, après avoir échoué à se présenter lui-même. Quant à Valérie Pécresse, elle se rallie donc à l'ancien Premier ministre. « Elle a fait le calcul suivant : "Je vais tous les doubler, je vais aller chez Fillon avant les autres." Je ne suis pas certain qu'aujourd'hui elle referait la même chose[1] », estimera Jean-François Copé un an après.

Dans son rôle de lieutenant de Fillon, l'ancienne ministre de la Recherche apparaît en première ligne. Dans la guerre fratricide que se livrent les deux camps, elle participe aux assauts ciselés contre l'adversaire par médias interposés. Parfois même avec des attaques *ad hominem*. « Ce n'est pas parce qu'on n'est pas dans l'esbroufe, la vantardise, qu'on ne fait pas les choses[2] », ironise-t-elle au sujet de Jean-François Copé. « Valérie m'attaque matin, midi et soir, c'est son droit, même si je le regrette beaucoup[3] », se plaindra ce dernier publiquement. « Il y avait une forme de compétition entre Valérie Pécresse et Laurent Wauquiez pour savoir qui fayoterait le plus auprès de François Fillon en défonçant Copé, ironise Jérôme Lavrilleux. Jean-François Copé a été extrêmement surpris qu'elle se montre à ce point virulente

1. *Le Monde*, 11 juillet 2013.
2. *Le Monde*, 9 novembre 2012.
3. *Le Monde*, 26 septembre 2012.

contre lui[1]. » À l'époque, il exprime publiquement sa déception : « J'ai eu un petit serrement au cœur. Valérie est une amie, on se connaît depuis qu'on a vingt ans. » De son côté, elle assume : « Je ne renie rien de mon amitié avec Jean-François, mais je dis non au casernement et non au caporalisme[2]. »

Au sein du camp Fillon, la campagne se révèle plus difficile que prévu. Valérie Pécresse assiste avec consternation aux erreurs stratégiques de l'ancien Premier ministre, qui néglige les élus de terrain et se voit élu avant l'heure. Tandis qu'il rêve déjà de l'Élysée, Jean-François Copé n'oublie pas qu'une campagne interne impose de s'adresser uniquement aux adhérents à jour de cotisation. Le soir des résultats, alors que Fillon est donné vainqueur par les médias, les deux candidats finissent au coude à coude. C'est le début d'un long feuilleton de contestation des votes devant la commission interne et d'accusations réciproques de tricherie. Copé, par le biais de Lavrilleux, est le plus fautif, notamment dans l'Outre-mer. De son côté, Ciotti, qui roule pour Fillon, a multiplié les procurations dans son fief des Alpes-Maritimes.

La guerre entre les deux camps prend de l'ampleur. Valérie Pécresse y participe allègrement. « Elle était en permanence à la salle des pas perdus de l'Assemblée nationale pour enchaîner les directs sur les chaînes d'info en nous attaquant à coups de pioche », selon Jérôme Lavrilleux. « J'étais en première ligne car c'est moi qui allais au front quand Fillon s'est fait voler sa victoire, réplique-t-elle. Copé avait tout verrouillé, Fillon m'envoyait donc pour tenir la digue. On était à 50/50 dans les commissions d'investiture.

1. Entretien avec Martin Leprince, 20 décembre 2021.
2. *Le Parisien*, 22 juin 2012.

Il fallait se battre sur tout. Tout le monde était agressif. C'est très dur de recevoir des coups de sa propre famille[1]. »

Le conflit se prolongera de nombreux mois, mettant même en péril l'unité de l'UMP, François Fillon ayant décidé de créer son propre groupe parlementaire à l'Assemblée nationale après que Jean-François Copé a été proclamé vainqueur du scrutin. « Elle m'avait appelé pour que je les rejoigne, mais je suis resté avec Copé qui est mon ami. J'ai vécu avec consternation les suspicions de fraude. Le plus grave pour moi, ça a été la scission du groupe à l'Assemblée par Fillon. C'était la ligne rouge », juge Georges Fenech, ancien magistrat et ancien député du Rhône[2] qui portera les premières attaques contre Fillon en 2017. Les deux rivaux concluent finalement une sorte de paix armée en se partageant les postes au sein du parti. L'UMP se transforme en armée mexicaine, avec une multitude de secrétaires nationaux copéistes et fillonistes aux intitulés les plus farfelus. Missionnée par Fillon, Valérie Pécresse est l'une d'entre eux. Elle fait le job, mais pas de gaieté de cœur. « Elle était très peu à l'UMP, précise Jérôme Lavrilleux. Elle siégeait au bureau politique, mais parmi quarante autres. Son titre ne correspondait à aucune fonction exécutive. Je pense qu'elle fait partie de ceux qui ont pensé à ce moment-là que la droite était morte. »

Au fil des mois, la rancœur de l'ancienne ministre de la Recherche reste vive envers Jean-François Copé. « Je pense qu'il y a deux catégories de personnes pour Jean-François : celles qui comptent, qu'il faut affaiblir ; et celles qui ne comptent pas, qu'il faut câliner, analyse-t-elle. À un certain

1. Entretien avec l'auteur, 23 décembre 2021.
2. Entretien avec l'auteur, 25 décembre 2021.

moment, en politique, soit on s'essuie les pieds sur vous, soit vous existez. Au moins, maintenant, il se souvient de mon prénom[1]. » Diagnostic de Jérôme Lavrilleux : « Valérie Pécresse est un homme politique comme les autres. Quand il s'agit de stratégie politique, elle sait se montrer d'une froideur et d'un cynisme absolus. Je crois qu'il n'y a pas d'affect chez elle. »

Burn-out

À la fin de cette guerre fratricide, la tentation de quitter la politique effleure Valérie Pécresse. Elle se dit victime d'un *burn-out* ou, plus sûrement, d'une grande lassitude. Petite-fille de psychiatre, elle sait qu'un tel état psychologique doit être pris au sérieux. « La bagarre Copé-Fillon, c'était violent à l'intérieur d'une même famille, se souvient Jérôme Pécresse. Elle s'est demandé si elle n'allait pas arrêter. Mais plus c'est dur, plus elle trouve le carburant pour se battre. » L'un de ses conseillers renchérit : « Elle était un peu dégoûtée car elle ne supporte pas la violence au sein de sa famille. Elle me disait : "Tout ça pour ça." Elle n'avait plus envie de faire des réunions, plus envie de rien. C'était la déprime. » Les copéistes, sceptiques, en doutent.

« C'était terrible, persiste néanmoins Valérie Pécresse[2]. Nous vivions dans un état de guerre psychologique permanente, j'allais au siège de l'UMP avec la boule au ventre. Que l'on s'étripe entre nous a failli me détruire psychologiquement, même si cela m'a finalement guérie de toutes

1. *Le Monde*, 11 juillet 2013.
2. *D2ux Mille Vingt-D2ux, acte I, op. cit.*

les divisions de la droite… J'ai failli arrêter la politique, je n'en dormais plus la nuit. » Pour voir le bout du tunnel, elle s'offre un congé de deux semaines en Corrèze. Dans la voiture qui nous permet d'y retourner en décembre dernier, elle revient sur ces événements destructeurs. « C'était vraiment stérile. Je me suis dit : "À quoi ça sert ?" J'ai vraiment failli arrêter. C'est reprendre la région Île-de-France qui m'a redonné de la force, explique-t-elle. La victoire nous porte, on voit s'agréger les bonnes volontés. C'est unique pour les émotions que ça procure : les rencontres humaines, le sentiment d'avoir un pouvoir sur les choses, de les avoir transformées. Les gens nous disent : "Vous avez transformé ma vie, mon quotidien." Les Français ne sont pas tous ingrats[1]. »

Dans un bureau au siège des Républicains, rue de Vaugirard, au lendemain de sa victoire à la primaire, elle en plaisantera avec Éric Ciotti, comparant leur compétition à la période funeste de la guerre Copé-Fillon : « On a quand même appris à faire campagne ! » À savoir faire des cartes d'adhérent en priorité. Une de ses amies me dira : « La déprime, chez elle, ne dure jamais plus de quinze jours. C'est une force de la nature. »

1. Entretien avec l'auteur, 23 décembre 2021.

10

Fillon ou l'espoir déçu

Lorsque s'enclenche en 2016 la course des primaires pour départager les candidats à la candidature, Valérie Pécresse est désormais un poids lourd. Ayant été élue entre-temps à la présidence de la région Île-de-France, la plus peuplée et la plus riche, elle a changé de dimension. Avoir arraché, malgré le scepticisme de certains de ses « amis », la région parisienne à l'emprise de la gauche, ce n'est pas rien. Elle a fait ses preuves. Elle voudrait que cela soit reconnu et que toute la place qu'elle estime mériter lui soit accordée au sein de l'équipe qu'elle choisira, sur un projet qu'elle approuvera.

Avant qu'elle annonce aux côtés de qui elle va se ranger, elle déjeune avec François Fillon. Elle en revient avec le sentiment qu'il n'a pas compris qu'elle s'est fait élire présidente de région, autrement dit qu'elle est devenue une leader régionale et plus seulement une figure du parti. « Fillon a très mal pris la lettre qu'elle avait envoyée aux candidats pour les sonder sur leurs programmes, indique un de ses proches. Il disait : "C'est ma ministre." En d'autres termes, il la tenait pour acquise. » Juppé, lui, vient la voir avec la lettre annotée de sa main. Du coup, elle choisit l'ancien Premier ministre de Chirac. D'autant qu'elle voit Fillon dériver vers un conservatisme dur, notamment sur des questions sociétales[1], et estime que son programme économique est infaisable.

Une autre raison sous-jacente pourrait expliquer son choix. Si elle constate que Fillon – naguère gaulliste social proche de Philippe Séguin – dérive vers la droite dure, elle y voit un lien avec l'influence grandissante auprès de l'ex-chef de gouvernement d'un ancien proche de Philippe de Villiers, le Vendéen Bruno Retailleau. Or elle supporte surtout mal d'être mise à l'écart. D'où sa fuite vers Juppé.

Valérie Pécresse s'en explique elle-même dans son livre d'entretiens[2]. D'abord, elle se défend de toute duplicité carriériste. Certes, personne n'a oublié sa présence dans les cortèges de la Manif pour tous contre le mariage gay en 2013, ni son alliance avec le mouvement Sens commun aux régionales de 2015. « Ma trajectoire est en réalité tout à fait cohérente », écrit-elle. Ceux qui la jugent « peu lisible », sinueuse ou contradictoire, « sont ceux qui ne voient dans la politique que le produit d'une tactique ou d'opportunismes à répétition, sans imaginer que l'on peut tout simplement agir en fonction des idées auxquelles on est attaché ». Elle s'est toujours dite favorable à une droite élargie, une droite à deux visages, à deux sensibilités, la sociale et la libérale. Il faut, comme Chirac en son temps, « s'attaquer à la fois aux défis économiques de la France et à la fracture sociale. Ces deux ambitions, pour moi indissociables, ont toujours été portées par le gaullisme, dit-elle aujourd'hui. C'est parce qu'ils ont oublié cette donnée essentielle que les Républicains ont perdu » – notamment en 2017. Quand elle tient ces propos, elle a entre-temps quitté LR, jugé trop exclusivement aux

1. Qui prévoit notamment cinq cent mille suppressions de postes de fonctionnaires.

2. *Et c'est cela qui changea tout*, *op. cit.*

mains de l'aile conservatrice, pour développer son propre mouvement, « Libres ! ». Elle reviendra au bercail. En politique rien n'est jamais définitif.

En 2016, elle choisit donc celui qu'elle surnomme « Juppé le sage ». L'incompréhension est totale chez les pro-Fillon, mais elle estime que sa loyauté lui a coûté assez cher. Elle a failli craquer et, si dette il y a, c'est son ancien mentor qui en a contracté une à son égard. Si elle lui reproche sa proposition de dérembourser les « petits risques » de santé, elle est pourtant surprise et déçue par la contre-performance d'Alain Juppé. Au départ, le maire de Bordeaux proposait à ses yeux le bon dosage, avec une TVA sociale, susceptible à la fois de rétablir la balance commerciale et de réduire le coût du travail. Sans oublier la suppression projetée de deux cent mille postes de fonctionnaires (comme elle le propose elle-même en 2022). C'était « le plus proche de sa ligne gaulliste sociale, c'est-à-dire réformatrice et ferme sur le régalien », dira-t-elle[1]. Son analyse est simple : Juppé a perdu les primaires parce qu'il n'a « pas assez parlé à sa droite », en ne rappelant pas suffisamment les propositions qu'il avait énumérées dans son livre programme[2]. Il y prônait « une action résolue à court terme » pour garantir « sécurité, bon fonctionnement du système judiciaire, respect du droit et des principes républicains, lutte contre l'immigration illégale, laïcité », après consultation de magistrats, de policiers et de directeurs de prisons. Il visait à « redonner à l'État force et autorité pour accomplir ses missions ». Toutes notions que l'on retrouve cinq ans plus tard dans le programme de la candidate Pécresse.

1. *Ibid.*
2. Alain Juppé, *Pour un État fort. Vers un nouveau monde*, JC Lattès, 2016.

Hélas ! Au lieu de se concentrer sur ces propositions très parlantes pour la base électorale de l'UMP, l'ancien Premier ministre de Chirac évoque « l'identité heureuse », qui lui vaut d'être caricaturé en « Ali Juppé » sur les réseaux sociaux. Or elle lui conseillait l'expression « fierté française » – sans succès. « Je le croyais plus à droite et, à cause de son livre *Pour un État fort*, j'étais persuadée qu'il s'avancerait bien davantage sur les thématiques régaliennes. » Celui que Chirac avait baptisé « le meilleur d'entre nous » se plante parce qu'il a fait une campagne de deuxième tour en partant au centre, alors qu'il fallait d'abord parler à la droite. Cette leçon ne sera pas perdue.

Dès le premier tour des primaires, le 27 novembre 2016, Sarkozy, qui se croyait encore incontournable, est balayé avec un maigre score de 20,6 %. « J'ai une pensée pour Nicolas Sarkozy », déclare sans rire François Fillon dans son allocution de victoire, partageant pour une fois sa satisfaction avec Alain Juppé. Valérie Pécresse revient au bercail. N'a-t-elle pas été cinq ans durant une de ses ministres quand il siégeait à Matignon et qu'il l'appuyait avec bienveillance dans ses combats à l'Enseignement supérieur, puis au Budget ? De son côté, ne l'a-t-elle pas soutenu avec vaillance et constance durant l'épisode affligeant de la bataille Copé-Fillon pour la présidence du parti ? Enfin, en tant que secrétaire générale adjointe de l'UMP, n'a-t-elle pas consenti à se charger d'une tâche fort ingrate : veiller au respect du compromis conclu entre Copé et Fillon sur le partage à égalité des postes de responsabilités entre les deux factions au sein du parti ? C'est du reste pour toutes ces bonnes raisons que le camp Fillon, notamment Jérôme Chartier, l'avait affublée du sobriquet de « traîtresse » quand elle s'était prononcée pour Juppé.

Le Penelopegate

À l'issue des primaires, Fillon peut pleinement savourer sa revanche. D'abord contre le sérail chiraquien, dont jamais il n'a fait partie. En mai 2005, il avait très mal pris la manière dont l'Élysée l'avait fait lanterner trois jours avant de lui annoncer que Dominique de Villepin lui serait finalement préféré au poste de Premier ministre. Dans ces conditions, « vous comprenez que vous n'avez jamais fait partie du clan[1] », m'avait-il expliqué, avant de clamer sur tous les tons que, du quinquennat chiraquien, on ne retiendrait que ses réformes. De là son soutien vengeur à Sarkozy en vue de la présidentielle de 2007.

Quand le « Penelopegate » éclate en 2017, la posture moralisatrice qu'a cru bon d'adopter François Fillon lui revient tel un boomerang. *Le Canard enchaîné* publie le 25 janvier les premières révélations sur « les 600 000 euros gagnés par Penelope », l'épouse du candidat qui porte alors les espoirs de la droite. Montant porté à 930 000 euros dans un second article quelques jours plus tard. Et ce n'est que le début. On connaît la suite. Bien qu'il ait, maladresse insigne, déclaré sur TF1 le 26 janvier qu'il ne se retirerait de la campagne que s'il était mis en examen, Fillon refuse de se désister au profit d'Alain Juppé, comme le lui demandent de nombreux dirigeants de LR. Il serre les dents et droitise encore plus son discours lors d'un grand meeting au Trocadéro, le 5 mars.

1. Entretien avec l'auteur, 4 octobre 2006.

Encore ébranlée par la tournure prise par la rivalité entre Copé et Fillon après 2012, Valérie Pécresse restera néanmoins avec ce dernier dans la tempête, non sans états d'âme, quand beaucoup d'autres de ses partisans prendront leurs distances. Mais elle brille par son absence au Trocadéro. Elle l'avait prévenu qu'en tant qu'ancienne magistrate, elle ne pouvait cautionner une attaque en règle contre les juges. Au soir du premier tour, il s'en faut malgré tout de peu qu'il ne se qualifie, car Marine Le Pen a perdu du terrain dans la dernière ligne droite, pour finir à 21,30 %, alors que le candidun creux à 17 % dans les sondages, reprenait 3 % à 20,01 %.

La déflagration est dévastatrice. La droite, déjà abîmée par la rivalité Copé-Fillon et minée par les intrigues permanentes d'un Sarkozy atteint du syndrome de Sardanapale[1], paraît cette fois carrément sinistrée. Elle aura le plus grand mal à s'en remettre. L'affaire, conjuguée au renoncement de François Hollande à se représenter pour un éventuel second mandat, ouvre à Emmanuel Macron un boulevard. Sur les ruines laissées derrière lui par le jusqu'au-boutiste Fillon, le nouveau président va s'empresser, dès sa prise de pouvoir, de puiser dans le vivier de la droite républicaine. Il fait du juppéiste Édouard Philippe, ancien directeur de l'UMP et maire du Havre, son premier chef de gouvernement, et accroche plusieurs prises à son tableau de chasse, dont Bruno Le Maire nommé aux Finances et Gérald Darmanin à l'Action et aux Comptes publics. Cinq ans plus tard, il n'a pas renoncé à parachever ce travail de sape pour détruire une fois pour toutes la droite néogaulliste. Il s'y emploie même activement,

1. Despote oriental de l'Antiquité qui, mourant, fait tuer ses chevaux, ses domestiques et son harem pour l'accompagner au tombeau.

tentant de jouer sur les divisions au sein de LR, comme les débuts de la campagne le montreront fin 2021.

Valérie Pécresse est donc prévenue. Pour avoir une chance de se faire élire, il lui faudra en permanence veiller à ne pas laisser des plaies à peine cicatrisées se rouvrir dans son propre camp. Elle va materner son petit monde, distribuant des hochets à chacun des ambitieux qui, avant sa victoire à la primaire, n'étaient pas loin de constituer un front anti-Pécresse.

Seconde partie

LA CONQUÊTE

11

Première victoire

Retour en 2002. Après quatre années passées à l'Élysée comme conseillère technique, Valérie Pécresse connaît sa véritable entrée en politique lors des législatives de juin.

Si la future ministre n'a jamais eu de mandat ou même milité au niveau local, elle habite depuis plusieurs années à Versailles, mais loue un appartement dans le Ve arrondissement de Paris. Or, quelques mois plus tôt, le député sortant de la 2e circonscription des Yvelines, Franck Borotra, a fait part de sa volonté de passer la main. Président du conseil général et ancien ministre de l'Industrie, Borotra fait figure de patron de la droite yvelinoise. Sa circonscription, où il était élu sans discontinuer depuis 1986, attise les convoitises tant elle semble facilement gagnable pour quiconque se présente avec l'étiquette de la majorité présidentielle. Les prétendants sont nombreux au sein du RPR local, notamment le conseiller général de Versailles-Nord, Alain Schmitz, ou l'ancien bâtonnier de l'ordre des avocats de Versailles, Pierre-Jean Blard. Malgré son absence totale d'expérience électorale, Valérie Pécresse figure elle aussi dans la *short list*.

« Un jour, elle me dit : "Franck Borotra pourrait vouloir que je lui succède" », se souvient Jérôme Pécresse. Une rencontre est organisée en novembre 2001 entre le député sortant et la conseillère de l'Élysée. Intimidée, elle a le sentiment de passer un examen d'embauche. « Borotra m'interroge longuement sur ma vie, mon œuvre, ma pensée politique. Cela m'a semblé interminable », relate-t-elle[1]. L'ancien ministre lui dresse son cahier des charges : il souhaite que son successeur incarne le renouveau, ne soit pas énarque et possède de véritables liens avec les Yvelines. Si la jeune femme a le défaut d'avoir fait l'Ena, elle coche allégrement les autres cases : son inexpérience devient un atout et non seulement elle s'engage à revenir vivre à Versailles, mais la famille de son mari y habite depuis trois générations. Vers la fin de l'entretien, Borotra lui pose une question piège : « Pourquoi Jacques Chirac ne m'a-t-il pas appelé pour vous recommander[2] ? » Elle réplique du tac au tac : « Il sait que c'est vous qui allez décider. »

En la raccompagnant, le président du conseil général s'engage *in fine* à la soutenir si elle remporte l'investiture du parti. À l'extérieur, son mari l'attend dans la voiture. Elle prend place sur le siège passager et lui résume le rendez-vous en une formule : « Ça s'est bien passé. » Forte du soutien de Jacques Chirac, elle obtiendra facilement l'investiture de la commission nationale. Mais elle se fait rapidement un ennemi en la personne du président du conseil général puis départemental des Yvelines Pierre Bédier, qui restera député de Mantes-la-Jolie jusqu'en 2009. Il se voyait l'héritier de Franck Borotra[3].

---

1. *Le Figaro*, 31 juillet 2012.
2. *Ibid.*
3. Mis en examen le 21 janvier 2004 par le juge Courroye pour « recel d'abus de biens sociaux et corruption », Pierre Bédier démissionnera de son poste de secrétaire d'État chargé des programmes immobiliers de la Justice dans le gouvernement de Jean-Pierre Raffarin.

« Bayrou voulait faire tauler la gamine »

La victoire s'annonçait facile, mais un obstacle surgit. Face à elle, l'UDF de François Bayrou dépêche au dernier moment un candidat bien plus renommé qu'elle : le général Philippe Morillon, ancien commandant des troupes de l'Onu en Bosnie, auréolé de son combat contre les purificateurs ethniques serbes. Sa candidature est déposée quelques heures seulement avant la clôture. L'opération constitue une attaque en règle contre Jacques Chirac. L'initiative du président de la République de créer l'UMP, qui répondait à la volonté de Jérôme Monod d'unir l'ensemble des formations de droite, a été vécue comme une déclaration de guerre par François Bayrou, lequel refuse de voir l'UDF absorbée par le nouveau parti. Malgré toutes ses tentatives de résistance, l'ancien ministre de l'Éducation nationale n'a pu empêcher que la majorité des parlementaires centristes quittent sa formation pour rejoindre l'UMP. Maintenir un groupe parlementaire UDF à l'Assemblée nationale est devenu pour lui une question de survie politique.

Quelques semaines avant la désignation de Philippe Morillon, le cas de la 2e circonscription des Yvelines était uniquement traité au niveau local. Bertrand Devys, le président de la fédération yvelinoise de l'UDF, ambitionnait alors d'obtenir l'investiture du parti pour Dominique Julien-Labruyère, un ancien conseiller municipal de Cernay-la-Ville. Les instances nationales du parti centriste en ont décidé autrement et préféré une figure connue pour faire mordre la poussière à la candidate du nouveau parti honni. Et, par la même occasion, humilier Jacques Chirac en privant l'une de ses proches d'une victoire promise. « Bayrou voulait faire tauler la gamine », résumera Valérie Pécresse[1].

Les responsables locaux de l'UDF sont ravis de ce bon coup lorsqu'ils organisent le soir même de cette annonce une conférence de presse pour présenter leur candidat. Sur le papier, il est vrai, Philippe Morillon a tout pour plaire à l'électorat traditionnel de Versailles : militaire, catholique pratiquant, élégant et charismatique. Sur les tracts, l'UDF expose des photos de lui sur un char, au côté du commandant Massoud en Afghanistan ou avec le pape Jean-Paul II, le général ayant été chargé de la logistique des Journées mondiales de la jeunesse (JMJ) de Paris cinq ans plus tôt. Valérie Pécresse n'a pas autant de symboles à offrir aux électeurs. Mais elle n'a peur de rien, et surtout pas de son adversaire. « Je vais le battre[2] », aurait-elle lancé en découvrant le nom du militaire.

Un autre problème se pose à elle. La conseillère élyséenne a été plutôt fraîchement accueillie par les élus locaux de l'UMP. Elle a beau habiter Versailles et avoir été investie par leur parti, à leurs yeux elle n'est pas des leurs. Si, en sa présence, les grands sourires et les mots d'encouragement sont de mise, dans son dos certains la surnomment « Monica Pécresse », par allusion à l'ancienne stagiaire de la Maison-Blanche, Monica Lewinsky, dont la liaison avec Bill Clinton avait défrayé la chronique. Quant à Franck Borotra, s'il affiche son soutien, il sera physiquement absent durant presque toute la campagne en raison d'un séjour en

1. *Ibid.*
2. *Paris-Match*, 9 décembre 2021.

Thaïlande où sa fille, la comédienne Claire Borotra, tourne un téléfilm pour France 2. « C'est à la candidate d'organiser et d'animer sa propre campagne, a affirmé le député sortant. Je demanderai simplement à ceux qui me font confiance de la soutenir comme je le fais moi-même[1]. »

Victoire par KO

Malgré les embûches, la candidate UMP entend bien se faire élire. Pour mener campagne, elle s'appuie sur ses réseaux, anciens élèves de HEC ou amis d'enfance, en plus des militants locaux. Les meetings ne sont pas son fort ? Elle quadrille le terrain avec minutie, en bonne chiraquienne qui se respecte. Si Philippe Morillon semble se concentrer sur Versailles, elle n'oublie pas que la circonscription s'étend aussi sur les cantons de Vélizy-Villacoublay et de Chevreuse. Elle se rend à Magny-les-Hameaux, Voisins-le-Bretonneux, Cernay-la-Ville, Le Mesnil-Saint-Denis. « Face au général Morillon, dira-t-elle, j'avais trente communes à faire, alors que lui venait pour se faire élire dans un fauteuil. Gérard Larcher m'avait dit : "Tu as été battue en tant que ministre [François Hollande venait d'être élu], il faut te faire pardonner comme la femme du boulanger car tu les as trompés avec Paris" », raconte-t-elle aujourd'hui[2].

Elle parcourt donc l'ensemble de sa circonscription, se rend dans chaque ville, organise des réunions d'appartement, tracte à chaque marché, se pointe à 6 heures du matin dans les gares. « Je dormais dans ma voiture en plein milieu

1. *Le Parisien*, 10 avril 2002.
2. Entretien avec l'auteur, 23 décembre 2021.

de la journée, dès que j'avais un instant de répit[1] », confiera-t-elle. Malgré la fatigue, elle porte son enthousiasme et sa jeunesse en bandoulière. À ses côtés, les élus locaux semblent tellement vieux... Elle animera quinze réunions publiques au cours desquelles elle applique scrupuleusement les leçons prodiguées par Jacques Chirac : lorsqu'on entre dans une pièce, serrer la main à l'ensemble des personnes présentes, avec le sourire et un petit mot pour chacun. « Je me suis dit : "Il faut que je me réinvente." J'ai pris mon suppléant et on a tout fait à pied. Il pleuvait, les gens me disaient : "Madame Pécresse, vous en êtes là ?", et ils m'offraient un grog. »

Elle fait grande impression auprès des habitants de la vallée de Chevreuse en leur dévoilant une lettre signée du Premier ministre, Jean-Pierre Raffarin, annonçant la décision de non-renouvellement d'un permis de recherche pétrolière à proximité de l'abbaye de Port-Royal, que contestait une partie des résidents. Avoir ses entrées à l'Élysée peut se révéler utile !

Trois jours avant le scrutin, Franck Borotra rentre enfin de son séjour asiatique. Il lui renouvelle son soutien public devant sept cents personnes lors d'un meeting à Vélizy. Le soir du premier tour, Valérie Pécresse obtient 42,6 %, contre seulement 11,5 % pour Philippe Morillon. Une victoire éclatante qui fait taire tous ses contempteurs. Beau joueur, le général appelle à voter pour elle.

La dernière ligne droite n'est qu'une formalité. Son adversaire du second tour, Anne Nègre, avocate en droit du travail étiquetée PRG, n'a recueilli que 23,3 % des voix au premier tour. Valérie Pécresse l'emportera avec 65 %. Un

1. *Le Figaro*, 31 juillet 2012.

score supérieur à celui de Franck Borotra lors de la précédente législative de 1997 (60,6 %).

Le 25 juin, premier jour de la douzième législature, la nouvelle députée fait son entrée à l'Assemblée nationale. Le matin, elle participe à la réunion du groupe UMP dans la salle Victor-Hugo, où elle assiste à l'affrontement des partisans d'Édouard Balladur et de ceux du chiraquien Jean-Louis Debré pour la présidence du Palais-Bourbon. En milieu d'après-midi, un panier orange à la main, elle gagne l'Hémicycle où elle s'assoit en fonction de l'ordre alphabétique. Elle sera l'un des quatre scrutateurs titulaires du vote pour le perchoir, dont Jean-Louis Debré sortira vainqueur. Enceinte de son troisième enfant, elle dissimulera sa grossesse durant ses premiers mois à l'Assemblée.

L'ascension commence

La députée des Yvelines ne fait pas de la figuration : elle siège à la commission des Lois et à la commission des Affaires culturelles, devient une spécialiste des questions familiales, dépose des amendements sur la Charte de l'environnement ou la réforme de l'Assurance maladie. Ex-conseillère de l'ombre, elle est heureuse d'être dans l'action politique. « J'en avais assez de faire des notes. Il n'y a rien de plus hiérarchisé et de plus confiné qu'un cabinet », dit-elle[1].

Pour conserver le contact avec sa circonscription, elle tient une permanence hebdomadaire à la mairie de Jouy-en-Josas, effectue des visites à l'hôpital de Versailles, ou

1. *Libération*, 21 août 2002.

encore une virée à la Brigade anticriminalité du département. Usant au mieux de ses contacts avec l'exécutif, elle n'hésite pas à faire remonter les problèmes locaux aux ministres concernés.

Devenue rapidement secrétaire générale adjointe chargée des études de l'UMP, elle organise régulièrement des débats thématiques. En mars 2003, elle préside ainsi un colloque du parti sur la promotion des femmes. Bien avant la vague #MeToo[1], elle réclame la création d'un délit de harcèlement sexuel au-delà du seul lieu de travail. « Il s'agit de protéger les jeunes filles des banlieues, mais aussi de prévenir la banalisation de la violence qui pourrait atteindre les beaux quartiers, estime-t-elle alors. La culture des banlieues, machiste, a beaucoup d'influence dans notre société[2]. » Elle y est d'autant plus sensible qu'à vingt-quatre ans elle a failli être victime d'un viol en allant voir des amis place de Catalogne. Des voisins, entendant ses cris, sont sortis de chez eux, faisant fuir l'agresseur. « Quand on se fait agresser, cela vous prive de votre insouciance », note une de ses amies. Traumatisme ravivé par un passage dans l'émission de Laurent Ruquier qui lui a demandé, après avoir évoqué le cas Cresson, avec qui elle avait dû coucher pour réussir en politique. Une indélicatesse aggravée par les rires d'Éric Zemmour. Elle ne l'a jamais pardonné au chroniqueur du *Figaro*, aujourd'hui son concurrent.

Lors du remaniement ministériel de mars 2003, son nom est évoqué pour entrer au gouvernement, notamment au ministère de la Famille. En avril 2004, elle devient l'une des

1. Vague sur laquelle on l'accusera de surfer quand elle interpellera Jean-Jacques Bourdin sur des accusations d'agression sexuelle au début d'une émission réalisée en Corrèze.
2. *Le Monde*, 8 mars 2003.

quatre porte-parole de l'UMP, en charge de l'Éducation, de la Culture et des Nouvelles Technologies. Avec Philippe Douste-Blazy, elle codirige la revue de l'UMP, *Les Débats de l'union*, publication trimestrielle tirée à dix mille exemplaires dont l'objectif est de refléter toutes les tendances du parti. « Je l'ai connue quand j'étais secrétaire général de l'UMP, raconte celui-ci. Elle m'avait fait une note remarquable sur l'éducation et l'Université, alors que je passais au Grand Jury RTL-*Le Monde*. Elle est très bien calibrée intellectuellement, mais elle ne se met pas en avant et fait les choses[1]. » Une fonction qui l'amène à intervenir plus régulièrement dans les médias, ce qui l'oblige parfois à des petits numéros d'équilibriste, comme à l'automne 2004, lorsque le conseil national du parti vote contre l'entrée de la Turquie dans l'Union européenne, alors que le chef de l'État y était favorable. « Le président de la République est pour l'entrée de la Turquie et l'UMP est contre. Il faudra que ces deux positions se confrontent[2] », tente-t-elle alors maladroitement d'expliquer.

Qu'importe : Valérie Pécresse est bel et bien en train de changer de dimension. De conseillère, elle est devenue politique. Mais elle n'a pas peur de la confrontation, ni intellectuellement, ni sur le terrain.

---

1. Entretien avec l'auteur, 4 janvier 2022.
2. *Le Monde*, 28 septembre 2004.

12

La mère de toutes les batailles

La réforme de l'université consistant à donner une autonomie de gestion accrue aux universités[1] aura été le premier fait d'armes notable de Valérie Pécresse au sein du gouvernement Fillon, la première démonstration grandeur nature de sa capacité à « faire », c'est-à-dire à engager des réformes et à se battre jusqu'à leur adoption, dans le dialogue mais avec détermination. Du moins est-ce le socle d'une réputation, d'une image auxquelles elle tient.

Dès l'élection à la présidence de Nicolas Sarkozy en 2007, François Fillon, nommé Premier ministre, a appelé Valérie Pécresse, alors porte-parole de l'UMP. Son intention était de lui confier un ministère aux commandes duquel elle devrait mettre en musique l'une des réformes au programme du nouveau chef de l'État. Objectif : accorder plus de pouvoirs aux présidents des universités, afin de rendre l'administration plus « réactive » et, si possible, introduire une sélection pour les futurs étudiants à la sortie du bac. Initialement pressenti pour le ministère de l'Enseignement supérieur et de la Recherche, Michel Barnier recevra finalement l'Agriculture.

1. Leur caractère autonome existait en principe depuis la fameuse loi d'orientation d'Edgar Faure, adoptée après Mai 68.

Fillon la prévient d'emblée : « J'ai une proposition à te faire qui ne va pas te plaire. Ce sera un ministère délégué, pas un ministère plein. » En d'autres termes, elle agira sous la férule du ministre de l'Éducation nationale, Xavier Darcos, qui ne l'apprécie guère, mais qui a souffert de l'ombre portée de Luc Ferry, ministre entre 2002 et 2004, bien trop médiatique à son goût. Officiellement, il la soutient : « Valérie Pécresse est assez ferme et elle a raison. C'est du suicide collectif ce que fait l'université. Je suis arrivé dans un monde qui était en vrac. Il fallait choisir la technique du déminage. J'ai passé des centaines d'heures à dîner avec tous ces cons. C'est une succession de fanatiques qui vous expliquent que, si vous touchez à quoi que ce soit, c'est la fin du monde[1]. » Mais elle ne s'offusque pas de la tutelle qu'on veut lui imposer : « J'ai senti que cette réforme était essentielle et qu'il n'y avait pas de honte à échouer sur quelque chose d'aussi difficile. »

Bien lui en prend. Le secrétaire général de l'Élysée, Claude Guéant, lui indique qu'en fin de compte ce sera un ministère plein. La voilà donc ministre de plein exercice à quarante ans. Fille de Dominique Roux, elle n'a pas besoin d'être convaincue : Valérie Pécresse sait qu'une autonomie d'action accrue des universités est l'un des jalons sur la voie du redressement de l'enseignement supérieur en France. Objectif : qu'il tienne son rang dans des classements internationaux peu flatteurs pour un pays qui se targue d'être encore la cinquième puissance mondiale. « Il faut sauver l'université », tel est son slogan. Mais elle devine aussi que la tâche sera rude, face à un milieu contestataire, rebelle et

1. Déjeuner avec la presse régionale, 4 mai 2009.

critique, franchement à gauche par-delà le caractère parfois folklorique de l'agitation estudiantine. Mais aussi, côté professoral, profondément corporatiste et ancré dans ses certitudes académiques, voire rétif aux changements susceptibles de porter atteinte au pouvoir des enseignants.

Pour éviter des débats sémantiques qui auraient durci les oppositions, m'explique-t-elle à l'époque, le mot « autonomie » ne doit pas figurer dans la loi. Non seulement parce que ladite autonomie a été formellement engagée une trentaine d'années plus tôt, mais parce qu'en réalité les universités ne seront pas déconnectées de l'État par la contractualisation. Point essentiel : pour parer à toutes les suspicions, la reconnaissance des diplômes doit rester nationale. D'ailleurs, Valérie Pécresse convainc vite Sarkozy et Fillon de renoncer à introduire la sélection à l'entrée des universités, qui aurait été un véritable *casus belli*.

« Aujourd'hui, souligne-t-elle, l'Université est empêtrée dans des statuts bureaucratiques qui conduisent à des modes de décision irrationnels. Il faut leur donner la gestion de leurs problèmes immobiliers. » Mais aussi simplifier et recentrer le fonctionnement des conseils d'administration des universités, de sorte qu'ils deviennent « un lieu de décision stratégique », plutôt qu'un cénacle où régler des questions de gestion quotidienne.

À ces fins, elle compte s'appuyer sur un rapport du Conseil national de l'enseignement supérieur et de la recherche (Cneser) qu'elle qualifie de « formidable ». De nombreux présidents d'université sont d'accord pour concentrer plus de pouvoir décisionnel et pour un débroussaillage du statut des universités. Enfin, sur le front politique, la voie paraît relativement dégagée : même à gauche, laisse entendre la jeune ministre, « ils sont tous favorables à cette réforme ».

Prétention pas totalement infondée puisque, comme s'en souvient le journaliste Patrick Fauconnier[1], « au *Nouvel Obs*, on était en faveur de cette réforme. On a donc aidé, on l'a fait venir à la conférence de rédaction de Jean Daniel », le 20 février 2008. L'accueil est amical et les journalistes reconnaissent qu'elle leur a fait une bonne impression. À tel point que Jacques Julliard lâche un assez ironique : « Je vais en parler à Sarkozy car il ne l'aide pas beaucoup... » De fait, cette réforme n'est pas la priorité du président.

Plus tard, les chercheurs étant descendus dans la rue, le *Nouvel Obs* persistera à l'appuyer en organisant une table ronde avec plusieurs d'entre eux qui refusaient de la rencontrer.

Bruits et fureurs à l'université

Comme on pouvait s'y attendre, la rentrée de l'automne 2007 est chaude. L'Unef et l'extrême gauche dénoncent le danger d'une « université à deux vitesses » et réclament le retrait de la loi. Cela débute par un premier blocage de faculté à Rouen, le 29 octobre, puis le mouvement fait tache d'huile. Le 9 novembre, quinze universités sont bloquées et quarante en grève ! La LCR et le syndicat Sud appuient les blocages. Face aux troubles prévisibles, Valérie Pécresse manœuvre habilement en amadouant l'Unef au moyen d'une hausse des bourses. Le 24 novembre, le syndicat se désolidarise de la grève en dénonçant les violences excessives. Son leader, Bruno Julliard, paraît soucieux de ne pas laisser la situation dégénérer. Inquiet de son avenir politique,

1. Entretien avec l'auteur, 26 décembre 2021.

il préfère que son nom ne soit pas associé à la liquidation d'une réforme que le PS ne condamne pas franchement, moyennant un simulacre de résistance estudiantine et des concessions sonnantes et trébuchantes du gouvernement.

Pour emporter le morceau, le gouvernement accorde un mois – le dixième – de bourse supplémentaire, afin de couvrir l'année universitaire effective de septembre à juin, améliore le suivi de l'insertion professionnelle des étudiants et le soutien aux inscrits en licence. Objectif : réduire l'effrayant taux d'échec – 35 à 50 % – qui sanctionne une orientation hasardeuse et l'absence de sélection.

L'agitation des plus radicaux ne retombe pas pour autant. Le 5 décembre, des militants d'extrême gauche surgissent avec des battes de baseball, bien décidés à saboter la visite de la jeune ministre aux Arts et Métiers, dans le IIIe arrondissement de Paris. Valérie Pécresse a été invitée à une conférence-débat organisée par la Junior Entreprise, donc par des étudiants, et parrainée par le *Nouvel Obs*. Tant et si bien qu'elle et sa suite, ainsi que les autres invités – le directeur de Sciences Po, Richard Descoings, et le journaliste du *Nouvel Obs*, Patrick Fauconnier – se retrouvent coincés dans une salle sans pouvoir en sortir, avant que les abords soient dégagés par la police. « Valérie Pécresse s'est demandé si cela valait le coup d'aller en amphi pour se faire huer », raconte ce dernier, ajoutant qu'il lui avait conseillé de le faire quand même. Son agent de sécurité y est hostile. « Elle y est allée et ça s'est très bien passé », dit-il aujourd'hui, admiratif de sa maîtrise.

Tétanisé par les grèves, l'Élysée ne la soutient pas à fond et se ménage des issues de secours. Le « château » laisse se propager une rumeur selon laquelle on lui retirerait la Recherche pour la confier à Claude Allègre. Un contre-feu fugace. Nicolas Hulot, ayant eu vent de la chose, fait promptement savoir que la nomination d'un climatosceptique ne le laisserait pas sans réaction. Exit l'hypothèse du chasseur de mammouths[1] qui ne croit pas au réchauffement climatique.

Valérie Pécresse n'est pas au bout de ses peines. Début 2008, le ministre de l'Éducation nationale, Xavier Darcos, supprime onze mille postes dans le secondaire, jetant les lycéens dans la rue. Elle redoute que, par ricochet, cette mesure ne relance l'agitation à l'université. Elle n'attendra pas longtemps. L'année suivante, les chercheurs descendent dans la rue pour protester contre un décret, à leurs yeux scélérat – sur la « modulation des services » –, qui les met en demeure soit de dispenser plus de cours, soit de mener plus de recherches. Le 22 janvier 2009, à l'Élysée, Nicolas Sarkozy contribue à exacerber le conflit en prononçant un discours solennel sur la recherche, jugé méprisant et insultant. Après avoir eu ces mots pour les accueillir : « Je vous remercie d'être venus, il y a de la lumière, c'est chauffé », le chef de l'État relève, devant des pontes goûtant peu l'ironie, que le rendement de la recherche française, au regard de l'effort financier public, est de 30 à 50 % inférieur à celui des Britanniques... Quelque temps plus tard, Sarkozy donnera le coup d'envoi à l'édification d'un « Cambridge à la française » sur le plateau de Saclay – dans les Yvelines dont Pécresse est députée –, promettant 10 milliards d'euros de dotation pour ce projet. De quoi réchauffer l'atmosphère.

Outre les maladresses ou les calculs élyséens, et contre toute attente, la tâche de Valérie Pécresse est aussi compliquée

1. Claude Allègre, dans une formule restée célèbre, avait comparé l'Éducation à un mammouth.

par l'union sacrée entre les juristes de Paris II-Assas et les « gauchistes » de Villetaneuse et de la Sorbonne. Du jamais vu, soulignant le caractère corporatiste de la contestation. L'une des représentantes de la droite universitaire, la professeure de droit constitutionnel de Rennes, Anne-Marie Le Pourhiet, confirme aujourd'hui l'opposition farouche de plusieurs de ses collègues, d'Assas en particulier : « C'est un mensonge éhonté d'affirmer que la loi Pécresse était la merveille du monde qui aurait restauré l'université, souligne-t-elle. En fait, c'était un abandon au localisme, une conception à l'américaine. Sa loi était dictée par la conférence des présidents d'université (CPU), devenus tout-puissants. » Résultat : « les présidents d'université ont la mainmise sur le recrutement[1] », sans que cela ait amélioré le niveau de l'enseignement ni augmenté les heures de cours.

Grande gueule qui s'exprime dans des tribunes où elle pourfend le « politiquement correct », Anne-Marie Le Pourhiet aura « manifesté trois fois contre Valérie Pécresse et subi un prélèvement de salaire » n'émanant pas, pour une fois, d'un gouvernement de gauche, confie-t-elle, toujours irritée, des années après, que la ministre ait renvoyé dans ses buts une délégation de la droite universitaire dont elle faisait partie. « Elle s'est contentée de nous expliquer les mérites de sa loi et n'acceptait pas que des gens de son bord ne la comprennent pas. » Quant à ses qualités d'écoute tant vantées, la professeure adhérente de l'Uni s'indigne : « Elle appelait par leur prénom les syndicalistes étudiants, ce qui me choquait. Elle est restée une journée entière devant des étudiants affalés les pieds sur les fauteuils, qui parlaient la bouche pleine et l'interpellaient. » Pour finir, la redoutable pasionaria de la

1. Entretien avec l'auteur, 18 décembre 2021.

droite conservatrice conclut : « Elle a manifesté une endurance et une patience que j'ai pour le coup admirées. »

C'est donc peu dire que Valérie Pécresse n'eut pas la vie facile, même si des membres du corps enseignant, comme Alain Finkielkraut, la soutenaient. « Nous avions un paquet de réformes à faire entériner – portant sur la masterisation, le contrat doctoral, le CNRS et les pôles de recherche – et nous avons passé notre temps à éteindre des foyers de contestation, puis des mouvements de cristallisation en janvier », constate-t-elle à l'époque devant moi, non sans quelque lassitude.

Le manque récurrent de moyens est aussi un handicap. Avouant son impuissance à concurrencer les universités étrangères qui font des ponts d'or à des doctorants français, elle insistera néanmoins sur les 5 milliards d'euros de fonds supplémentaires censés être dégagés pour l'enseignement supérieur durant le quinquennat. Ce qui, à défaut d'une augmentation générale, devrait au moins permettre d'accorder des « primes d'excellence » aux chercheurs les plus méritants.

Attendue au tournant par ses propres « amis » politiques, qui guettent son échec, Valérie Pécresse fait preuve de courage et de persévérance. Et elle n'en manquera pas, car les incidents se multiplient. « J'ai vécu les crises et observé son sang-froid », assure son conseiller en communication Jean-Marc Zakhia. Il raconte : « À l'université de Villetaneuse, à l'automne 2009, elle venait signer un partenariat avec des boîtes privées qui proposent des stages. Alors qu'elle est accueillie par le président de l'université, les étudiants essaient d'empêcher la tenue de la réunion dans l'amphi. Le site n'était pas bien sécurisé, ce qui vaudra des remontrances au préfet de l'époque, Laurent Nuñez. »

Heureusement pour la ministre, elle peut finir l'exercice et la délégation s'éclipse vite.

Quelques mois auparavant, en février 2009, alors que la contestation du décret sur la répartition des tâches des chercheurs battait son plein, elle n'hésite pas à participer à une grande réunion à Strasbourg en vue de la fusion des universités, bien que la sécurité ait déconseillé sa venue, prévenant même que des « anarchistes allemands » feraient partie du comité d'accueil. Les journaux télévisés ayant diffusé des images de ces violences, le Premier ministre François Fillon, impressionné, l'appelle pour prendre de ses nouvelles.

Durant ces longs mois d'agitation, la quadra n'a pas hésité à se frotter aux étudiants et aux universitaires, à aller au contact, sans craindre de mauvaises images et faisant du coup reculer la contestation. « Il n'est pas normal qu'au XXIe siècle cinquante jeunes puissent bloquer le système », dit-elle.

Patrick Fauconnier, qui a couvert toute l'actualité universitaire de cette époque, lui tire son chapeau : « Elle s'est battue comme une lionne car on ne sortait plus de cette histoire de chercheurs et d'étudiants dans la rue. » Parmi les plus militants, beaucoup de professeurs syndiqués des facultés de Lettres de Rennes II, Montpellier II, Toulouse II-Le Mirail, etc. « Elle a su les calmer avec un mélange de diplomatie et de fermeté », souligne l'ancien journaliste de *L'Obs* et de *Challenges*. En fin de compte, elle aura tenu face à la rue, en dépit de manifestations tous les mardis et jeudis, y compris devant son ministère qui s'est retrouvé encerclé et même envahi, au point qu'il fallait poster des CRS à la porte de son bureau. Un jour, son mari Jérôme s'insurge : « La réforme, c'est bien, mais ce n'est pas la peine d'en faire un martyr de la République ! » Et de l'emmener derechef chez un ostéopathe car la ministre est complètement bloquée.

L'un des talents de Valérie Pécresse, durant cette période agitée, fut de s'être « bien entourée », selon Patrick Fauconnier. Philippe Gillet, qui dirigeait l'école normale de Lyon, s'apprêtait à embarquer de Brest pour une croisière en Irlande quand elle l'appela pour lui proposer le poste de directeur de cabinet. Dès le lendemain, il se présentait en bottes et ciré au ministère, rue Descartes. « Ça commence bien », lui dit la « patronne » qui l'attend en haut de l'escalier. « C'était intéressant pour moi qui ne rêvais que d'autonomie à Lyon, pour être débarrassé de ces charges bureaucratiques où l'on ne peut rien faire sans l'accord de Paris et de la CPU. Elle avait cette envie de faire. Elle cherche à comprendre et s'accroche, tout en ayant fondamentalement aimé ce monde », précise celui qui préside aujourd'hui son conseil scientifique à la région Île-de-France, tout en codirigeant l'École polytechnique fédérale de Lausanne.

La ministre se révèle aussi fine tacticienne. Un épisode illustre son habileté. Une des composantes majeures de la loi concernait la taille des conseils d'administration des universités. Ces aréopages pouvaient compter jusqu'à soixante membres, d'où une paralysie fréquente. À l'Élysée, certains conseillers poussaient pour en ramener le nombre à quinze, au grand dam des universitaires. Elle parvient à trouver un compromis sur un nombre médian et ainsi à mettre du baume sur les plaies.

Afin de rendre acceptable l'autonomie accrue des universités, elle est convaincue, rétrospectivement, que « si le gouvernement y avait ajouté la sélection à l'entrée et l'élargissement du corps électoral votant pour les présidents d'université à des personnalités extérieures au monde académique, la réforme aurait tout simplement capoté[1] ». Pour s'en sortir, il fallait non seulement négocier pied à pied avec les syndicats d'enseignants, mais aussi accepter comme interlocuteurs directs l'Unef, la Confédération étudiante et la Fage (Fédération des associations générales étudiantes). Une attitude ouverte qui ne recueillait pas l'approbation d'une majorité des élus de droite, pas plus que de la plupart des conseillers de Matignon et de l'Élysée, selon elle. Ni, on l'a vu, de certains enseignants.

« On n'a pas idée du nombre de chausse-trapes que j'ai dû surmonter, confiera-t-elle plus tard. Nombre de parlementaires m'ont savonné la planche. » Mais elle se flatte que, pour la première fois, un gouvernement ait tenu face à la rue.

Valérie Pécresse ne sort pas lessivée de ces combats tous azimuts, même si elle avoue avoir parfois dormi trois heures par nuit pendant plusieurs semaines. Au contraire, elle va tout faire pour se maintenir aussi longtemps que nécessaire à son poste, afin de veiller à l'application de sa loi, ce qui occasionna d'autres tensions. Elle cite François Fillon[2], qui estimait qu'un ministre doit rester assez longtemps pour ne pas se laisser manipuler par sa propre administration.

Censée intervenir pour le 50e anniversaire de la Conférence des présidents d'université (CPU) avec lesquels elle a gardé des liens, la présidente du conseil régional d'Île-de-France se fait voler la vedette par le chef de l'État. Emmanuel Macron, qui, prévenu de sa présence, s'est invité à la dernière minute, laisse entendre qu'il fallait augmenter les droit d'inscription... avant de rétropédaler sur ce sujet ô combien sensible.

---

1. *Et c'est cela qui changea tout, op. cit.*
2. Entretien avec l'auteur, 27 mai 2009.

13

Le laboratoire de l'Île-de-France

Du haut de la terrasse qui jouxte son bureau à Saint-Ouen, Valérie Pécresse me montre une tour : « C'est une zone de reconquête républicaine. Cette tour est le temple européen de la drogue. On a un mort par jour. On va la raser. » Et d'ajouter : « Cette région, je n'aurais jamais dû la gagner contre le quatrième personnage de l'État » – à savoir Claude Bartolone.

Avant de présider aux destinées de l'Île-de-France, une région votant à 60 % à gauche qu'elle gagnera de soixante mille voix, il a fallu ramer. Élue conseillère régionale le 28 mars 2004, il fallait d'abord affronter Roger Karoutchi, président du groupe UMP de l'assemblée régionale. À l'issue d'une primaire, elle est finalement désignée tête de liste aux régionales du 21 mars 2010, alors qu'elle est ministre de l'Enseignement supérieur. Elle échoue à ravir son siège au socialiste Jean-Paul Huchon, à cause d'une triangulaire avec Marine Le Pen. L'ancien directeur de cabinet de Michel Rocard à Matignon la bat froid. Mais, installée dans l'opposition, elle ne l'épargne pas. Huchon va s'adoucir à son égard, d'autant qu'il vit très mal d'être écarté de son trône en 2015 par Bartolone. Il finira par la soutenir.

Vincent Jeanbrun, aujourd'hui président du groupe majoritaire à l'Assemblée régionale, rappelle la manière dont Valérie Pécresse a toujours voulu rassembler plutôt que diviser après avoir gagné. Dirigeant local des Jeunes populaires, le mouvement de jeunesse de l'UMP, il avait pris fait et cause pour Roger Karoutchi en 2010 et mobilisé bruyamment ses troupes lors des meetings tenus dans le cadre de ces primaires internes. Il craignait d'en payer le prix. Au lieu de cela, « dès le lendemain de la victoire de Valérie, les rancœurs étaient oubliées. Elle me convoque et, au lieu de me saquer comme je le craignais, me tient ce langage : "Nous avons peu de chance de gagner, mais s'il y en a une, elle passe par le rassemblement[1]." » En 2012, Vincent Jeanbrun est devenu l'un de ses assistants parlementaires à l'Assemblée nationale, faisant de lui, de son propre aveu, un « bébé Pécresse ». Deux ans plus tard, à vingt-neuf ans, il est élu maire de L'Haÿ-les-Roses (Val-de-Marne).

La seconde tentative pour s'emparer de la présidence régionale sera la bonne. Non sans avoir d'abord paré aux assauts de ceux qui, à l'UMP, à commencer par Nicolas Sarkozy, voudraient à nouveau lui imposer une primaire, cette fois avec son conseiller Henri Guaino. Cheffe de l'opposition régionale depuis cinq ans, elle ne s'en laisse pas conter et revendique d'aller à la bataille sans passer un nouvel examen probatoire après avoir fait le job. Guaino, trop sûr de lui, s'en plaindra : « C'est un scandale, elle a appelé tous les membres de la commission d'investiture[2]. » Tirant les leçons des erreurs commises cinq ans plus tôt lors

1. Entretien avec l'auteur, 12 janvier 2022.
2 . Déjeuner avec la PQR, 5 octobre 2021.

de sa première campagne, elle triomphe cette fois face au socialiste Claude Bartolone, le 13 décembre 2015.

La bataille, qui met fin à dix-sept ans de gestion de la gauche, a été rude. « Un combat de catch dans la boue », pour reprendre son expression. L'adversaire a voulu la faire passer pour raciste en l'accusant de défendre « Versailles, Neuilly et la race blanche ». Un article du *Canard enchaîné* évoque même de prétendus propos antisémites et antimusulmans qu'elle aurait tenus. Une vidéo de son allocution l'absoudra de ces accusations. Elle s'en tirera avec les honneurs et les « plus plates excuses » du quotidien satirique. « Le coup le plus dur, à trois semaines du premier tour, ce fut les attentats du Stade de France et du Bataclan, nous dit-elle aujourd'hui. François Hollande, qui soutenait Bartolone, demanda l'interruption de la campagne avant qu'elle puisse reprendre la dernière semaine[1]. »

Son élection à la tête de la région Île-de-France, peuplée de 12,3 millions d'habitants, marque une étape majeure dans son parcours. Elle prend de l'assurance et affiche ses ambitions. Deux ans plus tard, lors des primaires de la droite et du centre en vue de la présidentielle de 2017, elle se ralliera à Alain Juppé, en postulante potentielle à Matignon. Conscient du nouvel état d'esprit de son ancienne ministre, et jamais avare de vacheries, Nicolas Sarkozy s'en gaussera, faisant remarquer qu'elle a pris « le melon », alors qu'elle n'a qu'un pouvoir limité. « Dis-lui de se calmer, qu'elle s'occupe des bus ! », lance-t-il à un de ses visiteurs[2].

1. Entretien avec l'auteur, 5 octobre 2021.
2. *Marianne*, 30 novembre 2017.

La saillie est drôle ; elle est néanmoins réductrice. La région s'occupe certes des transports en commun, y compris de la voirie, mais a aussi en charge les lycées, la formation professionnelle, l'aménagement du territoire et l'environnement, le développement économique et la gestion des programmes européens.

Avec elle, ça déménage !

Entamé en janvier 2018, le déménagement rapide et sans bavure, en Seine-Saint-Denis, de l'hôtel de région et de divers services régionaux dispersés dans près d'une douzaine de bâtiments des beaux quartiers de Paris est à mettre à son actif. « Dix-sept ans qu'on en parlait. [...] Nous, on le fait », se plaît à rappeler Valérie Pécresse lors de ses vœux annuels. Elle respecte ainsi une de ses promesses de campagne dont tout le monde pensait qu'elle l'oublierait.

La région comptait alors un ensemble historique dans les quartiers les plus chers de Paris : deux hôtels particuliers rue Barbet-de-Jouy, un hôtel communicant rue Vaneau, un autre rue de Babylone abritant l'hémicycle de la région, un grand édifice à l'angle des Invalides logeant l'ensemble des services, ainsi que d'autres immeubles en location avenue de Breteuil et à Montparnasse. Rien n'était numérisé, de sorte que tous les documents – dont les délibérations – circulaient d'immeuble en immeuble : un fonctionnement dispersé et archaïque. Après un travail de prospection sur une trentaine de sites, tout a donc été numérisé et tous les services réunis sur un seul site. Il est vite apparu que celui de Saint-Ouen offrait les meilleurs équipements, des loyers très compétitifs et une bonne desserte par les transports.

L'opération immobilière permet de gagner 350 millions d'euros et se déroule dans un climat plutôt serein, d'autant que les conditions de travail sont meilleures (cantines spacieuses, salles de sport...).

« Je connais peu de gens, et surtout d'hommes, qui auraient été capables de transférer deux mille fonctionnaires du conseil régional installés dans le douillet VIIe arrondissement de Paris vers Saint-Ouen en Seine-Saint-Denis », note l'essayiste Alain Minc, dans une interview au *Point*. Ajoutant : « Je connais Valérie Pécresse depuis quinze ans. Je l'ai vue faire campagne, c'est quelqu'un d'extrêmement ferme. [...] Avec elle, la main ne tremblera pas[1]. »

La présidente de région fait la chasse aux gaspillages et à la mauvaise gestion, au nom de l'intérêt public. C'est une marque de fabrique qu'elle veut imprimer. Évoquant l'affaire des homards servis à un dîner de l'ancien ministre de l'Environnement, François de Rugy, du temps où il était président de l'Assemblée nationale, et qui lui coûtera son poste à l'été 2019, elle juge « légitime [...] l'indignation sur le gaspillage de l'argent du contribuable à des fins personnelles. Mais, poursuit-elle, ce qui m'étonne, c'est qu'elle soit bien moindre quand il s'agit de dépenses publiques inutiles et beaucoup plus coûteuses », comme, par exemple la location des années durant de milliers de mètres carrés de bureaux dans le VIIe arrondissement de Paris, à plus de 700 euros par an le mètre carré. « Voilà de vrais gaspillages d'argent public, avec des montants considérables », dit-elle. Si elle accède à la magistrature suprême, elle garantit que, dans tous les domaines qui ne relèvent pas des fonctions régaliennes – défense, sécurité, justice, éducation –, « il y a des réformes à porter qui

1. Interview à Nathalie Schuck, 12 janvier 2022.

permettraient de faire mieux avec moins d'argent ». Pour cela, il faut « prendre chaque ministre un à un et établir l'inventaire des dépenses. Même les ministères les plus mal dotés ne sont pas à l'abri d'argent gâché ».

Cet exercice, elle s'y est livrée dès son arrivée à la tête de la région. « J'ai pris un à un tous mes vice-présidents et je leur ai demandé de justifier chaque ligne de leur budget[1]. » Résultat, « l'Île-de-France est la seule région qui a baissé ses dépenses de fonctionnement ». Elle supprime les « jours du président », cinq journées accordées par Jean-Paul Huchon afin de ramener les fonctionnaires aux 35 heures, ainsi que l'échelon des sous-directeurs. Après un milliard d'euros d'économie sur la période 2015-2018, elle a continué dans cette voie, comprimant les dépenses de 20 %. Si cette discipline était transposée au niveau de l'État, elle ne craint pas d'affirmer que « ce sont des dizaines de milliards d'euros d'impôts qui pourraient être rendus aux Français ». « Le niveau de la dépense publique en France est à 56 % du PIB, quand nos voisins européens sont en moyenne à 45 % », commente-t-elle, avant d'observer : « Si nous avons dix points de dépense publique de plus que les autres, alors que nos services publics ne sont pas en meilleur état, que nous ne sommes pas mieux soignés, que l'école ne va pas bien, que les prisons sont dans un état catastrophique, quelle conclusion en tirer ? Ma réponse c'est que nous sommes mal gérés[2]... »

L'opposition de gauche au conseil régional est moins enthousiaste. Elle pointe du doigt des réductions de budget qui ont nui, selon elle, à des postes aussi importants que

1. *Et c'est cela qui changea tout, op. cit.*
2. *Ibid.*

le logement, la politique de la ville ou l'environnement. « Avec elle, on est souvent dans le mensonge caractérisé », affirme son opposant macroniste Laurent Saint-Martin (La République en marche[1]), qui a réalisé un piètre score aux élections régionales de juin 2021, bien que l'Élysée lui ait dépêché cinq ministres pour le soutenir. Quelques semaines après sa défaite, il osera tout de même dire dans son bureau à la présidente nouvellement élue qu'il a sauvé les meubles et épargné le ridicule à Jean-Michel Blanquer, lequel avait un temps été pressenti pour mener la liste de LREM.

La CGT, elle, parle chiffres : « Entre 2016 et 2020, Valérie Pécresse a effectivement supprimé 472 postes de titulaires. Mais, dans le même temps, elle a créé 568 postes de non-titulaires et la région s'est mise à recourir de plus en plus à l'intérim. Si bien que nous sommes plus nombreux à travailler pour la région. Je ne vois pas où sont les économies[2] », observe Julien Feuille, le secrétaire général de la section de la région.

Valérie Pécresse admet avoir supprimé 421 postes au siège et dans certains organismes, tout en en créant 359 dans les lycées, pour faire face à l'augmentation du nombre d'élèves. Une réduction d'effectif là où c'est possible et, en parallèle, un redéploiement dans un secteur prioritaire : c'est en quelque sorte ce qu'elle préconise pour les fonctions publiques d'État et hospitalière dans son programme présidentiel.

Il n'y a pas que la gestion financière. L'installation en Seine-Saint-Denis de services jusque-là implantés dans les beaux quartiers a une valeur symbolique et, partant, un

---

1. Denis Cosnard, « La méthode Pécresse à l'épreuve des faits », *Le Monde*, 9 janvier 2022.
2. *Ibid.*

impact politique qui n'échappe à personne, tant ce département concentre les difficultés socioéconomiques et sécuritaires que l'on observe dans le pays. Ce rapprochement géographique volontaire avec des populations dites défavorisées se veut le signal que personne, aux yeux de la présidente régionale, ne doit être laissé de côté.

Geoffroy Didier, son actuel directeur de la communication, travaillait au cabinet de Brice Hortefeux, ministre de l'Intérieur, durant le mandat de Nicolas Sarkozy. Souhaitant faire de la politique, il se fait élire au conseil régional et choisit de s'occuper du logement, pour montrer sa capacité à gérer un dossier technique. « On a mis en œuvre un dispositif antighetto pour arrêter de financer du logement social dans des communes atteignant 30 % de logements sociaux du fait de l'attitude clientéliste des maires socialistes, dit-il. C'était le seul moyen de casser la ghettoïsation. Et on s'est attaqué aux marchands de sommeil qui louaient cent mille pavillons insalubres à des jeunes, des vieux ou des immigrés, en les achetant nous-mêmes afin de faire cesser cette exploitation de la misère[1]. »

Sa directrice de cabinet, Magali Lamir, qui la suit depuis ses débuts, précise que la présidente est « à fond » : « Elle ne s'arrête jamais. Elle a les mains dans le cambouis et les pieds sur terre. L'autre jour, elle est revenue du lycée Paul-Éluard à Saint-Denis en faisant la liste : toilettes dégueulasses, salles de classe non disponibles. Quand elle a distribué des ordinateurs dans les lycées, j'ai vu des mamans la remercier en pleurant. Elle a complètement changé le visage de la région en la transformant en une énorme plateforme logistique.

1. Entretien avec l'auteur, 27 décembre 2021.

On s'est vraiment bougé pour trouver les masques que le préfet lui avait demandés.

— À quelle société as-tu eu recours ?

— À mes équipes[1] ! »

« Valérie Pécresse accorde beaucoup d'importance à réduire les fractures », insiste Isabelle David, naguère préfète de l'Orne puis des Deux-Sèvres, chargée par la présidente de région de s'occuper des territoires ruraux de l'Île-de-France. Cela concerne 2,1 millions de personnes dans les quatre départements de la Grande Couronne (Seine-et-Marne, Essonne, Val-d'Oise et Yvelines), dont beaucoup vivent dans des communes de moins de dix mille habitants. Connaissant la présidente de région de longue date[2], elle ne tarit pas d'éloges sur celle qui est devenue sa patronne. Une amitié qui l'incite à souligner les « multiples facettes » de son amie au travail : « Elle est déterminée, connaît ses dossiers sur le bout des doigts, est attentive aux autres, audacieuse. » Puis cette confidence : « Avec une femme à la présidence, on risque moins d'avoir des comportements déviants comme ceux que l'on a pu avoir[3]. » Isabelle David ne cite aucun nom...

L'intérêt porté à la partie la plus rurale de sa région s'est traduit en juillet 2021 par un vote de l'assemblée régionale en faveur de la création de l'agence Île-de-France-Ruralité. « Elle sera mise en œuvre au premier trimestre 2022 », assure Isabelle David, précisant que Valérie Pécresse et elle communiquent souvent par texto pour plus d'efficacité.

1. Entretien avec l'auteur, 7 janvier 2022.
2. Valérie Pécresse, condisciple de la promotion Condorcet à l'Ena, est la marraine de sa deuxième fille, née en 1995, à l'époque où elle siégeait encore au Conseil d'État.
3. Entretien avec l'auteur, 29 décembre 2021.

La sécurité dans les lycées

La sécurité est un thème récurrent de la campagne présidentielle. Les principaux concurrents font assaut de fermeté et de déclarations martiales. « C'est la région la plus marquée par la montée de la violence, du séparatisme, mais aussi la plus inégalitaire. J'ai compris que la sécurité est une chaîne. Tout le monde doit s'y mettre[1]. » Les conseils régionaux, objecte-t-on, n'ont toutefois pas compétence en ce domaine. Qu'à cela ne tienne, à la suite d'incendies et de dégradations dans des lycées, établissements qui relèvent bien de la région, la présidente a décidé de créer en 2019 des brigades régionales de sécurité. Ses membres, souvent d'anciens policiers, gendarmes ou agents de sécurité, ont vocation à intervenir à l'intérieur des établissements et à leurs abords. Selon la chambre régionale des comptes, cette initiative menée « sans fondement légal » serait contre-productive et viendrait « brouiller la lisibilité et la cohérence des dispositifs offerts aux chefs d'établissement amenés à gérer des situations de tension au sein des lycées ».

En septembre 2021, la chambre a recommandé de « laisser aux services des académies, conformément à la loi, l'exercice des missions de surveillance et de sécurité des élèves ». Visiblement, la présidence de région n'en a cure. Elle a doublé le nombre de brigades, de cinq à dix. L'opposition de gauche y voit un abus de pouvoir susceptible d'exposer la collectivité à des poursuites judiciaires. « Aucun problème juridique, on est couvert, indique

1. Interview de Sonia Mabrouk, Europe 1, 17 janvier 2022.

Vincent Jeanbrun, président du groupe majoritaire à la région. Nous assumons totalement ces brigades. Elles n'ont jamais été imposées à quiconque et n'interviennent que sur demande des proviseurs. Or, elles sont sollicitées en permanence. Ces équipes de cinq à six personnes ne sont pas armées. Quand il y a des violences à l'intérieur d'un lycée, par exemple à la cantine, le personnel est censé intervenir. Là, il a le soutien de gens formés pour ça, qui assurent une présence physique, peuvent séparer des élèves ou escorter vers la sortie des individus étrangers au lycée. Leur intervention a même permis d'élucider en une ou deux occasions des affaires sordides de réseau de proxénétisme dans des lycées, des jeunes filles mineures étant forcées de se prostituer. Sans parler des trafics de drogue », souligne Vincent Jeanbrun.

Ce n'est pas tout. En décembre 2021, le conseil régional a décidé de financer l'achat de drones par les polices municipales. C'en était trop pour les élus du Parti communiste, qui estiment qu'« en l'absence de cadre législatif pour l'usage des drones par les forces de sécurité, cette aide est illégale ». Ils ont déposé début janvier un recours en référé, laissant au tribunal administratif de Montreuil (Seine-Saint-Denis) le soin de trancher.

La Ville de Paris sollicite la région

La candidate LR tire deux autres grandes leçons de son expérience à la présidence de l'Île-de-France : la priorité donnée à l'économie et l'impérieuse nécessité de pousser les feux de la décentralisation. Elle n'hésite d'ailleurs pas à se qualifier de « girondine », par opposition au jacobinisme, ce vieux réflexe centralisateur parisien incarné par Emmanuel Macron.

« Valérie Pécresse va être plus inclusive avec tous les corps intermédiaires. Avec les syndicats et surtout avec les élus locaux. Ils doivent être associés aux décisions, c'est son ADN », confie Frédéric Lemoine, qui l'a connue à l'Élysée dont il était secrétaire général adjoint sous Chirac, avant de la retrouver et de devenir l'architecte de son programme[1], auquel ont collaboré soixante-dix contributeurs.

L'Île-de-France est la région la plus prospère du pays, mais c'est aussi une terre avec des bidonvilles, des écoles en difficulté et un désert médical qui s'étend. Pour sortir de ces paradoxes, elle préconise d'élargir les pouvoirs des régions, dans les domaines où celles-ci doivent encore le partager avec l'État central. Exemple : la formation, qui est du ressort des régions depuis la loi NOTRe, mais dont la compétence est partagée avec Pôle Emploi, créant une concurrence absurde, avec pertes d'énergie et d'argent à la clé.

Autre combat qu'elle entend livrer si elle devient cheffe de l'État : la « débureaucratisation », ou, si l'on veut, la « dénormation ». Derrière ces néologismes, un objectif très clair : en finir avec l'inflation des normes. « Chaque directive européenne est l'objet à l'Assemblée nationale d'un rajout de normes », note pour s'en indigner Valérie Pécresse. Ce qui complique et renchérit l'application des mesures européennes, au détriment de la compétitivité des industriels et agriculteurs français. Même s'il n'est pas aisé dans certains domaines de baisser le niveau de protection des consommateurs en maintenant la qualité des produits, le message est limpide : il est indispensable de simplifier les

1. Entretien avec l'auteur, 7 décembre 2021.

procédures bureaucratiques et de ne plus laisser la bride sur le cou aux administrations publiques follement créatives pour les compliquer. C'est d'ailleurs le combat mené par Gaspard Koenig avec son mouvement « Simple ».

En dépit des critiques de l'opposition, Valérie Pécresse a été réélue avec 45,9 % des suffrages en juin 2021, quelques semaines avant d'annoncer sa candidature à la présidence du pays. Un de ses camarades de la promotion Condorcet à l'Ena, Cédric Bannel, évoque la transformation qui s'est opérée chez elle au contact du concret : « On comprend que la région l'a changée par la confrontation avec la réalité de la région Île-de-France, la réalité des quartiers[1]. » Il lui reconnaît une assez grande sincérité, qui l'a servie et a sans doute contribué à sa victoire aux primaires, face à de vieux routiers de la politique. À l'épreuve du pouvoir régional, elle a pris de l'épaisseur politique. « Elle est dans quelque chose d'assez construit, ce qui n'était pas le cas à ses débuts. Elle a densifié son corpus idéologique, elle a une vraie pensée, mais ce n'est plus théorique », juge Cédric Bannel. Lors de la dernière campagne des régionales, elle dit à un proche : « Je connaissais les dossiers, maintenant je connais les gens. »

Le combat pour défendre la laïcité reste à cet égard prioritaire : « J'ai interdit les tenues habillées [les burkinis] sur les bases de loisirs, l'écriture inclusive avec des documents administratifs que je n'arrivais pas à lire, et je suis attaquée par la défenseure des droits qui m'accuse de pratiquer la discrimination religieuse. Cela va être un des gros clivages à venir : république ou pas. Croissance ou pas[2]. »

1. Entretien avec l'auteur, 20 décembre 2021.
2. Déjeuner avec la presse régionale, 31 mars 2021.

Jean-François Copé, qui a réussi de façon exemplaire dans sa ville de Meaux, considère de même que « son expérience de présidente de région est un atout considérable pour l'élection suprême ». De fait, les dépenses de fonctionnement ayant baissé de 20 %, le rapport de 40/60 en faveur des dépenses d'investissement a été inversé. Entre 2015 et 2022, 5 milliards d'investissement supplémentaires ont été dégagés dans les infrastructures, les transports, les lycées, l'environnement, le sport et la culture. Un effort salué par la Cour des comptes et envié par la Ville de Paris en faillite, qui sollicite désormais l'aide de la région sur de nombreux projets. « Je ne comprends pas comment elle est arrivée aussi peu préparée à la présidentielle », glisse Valérie Pécresse en passant au sujet d'Anne Hidalgo, avec qui les rapports ont vite tourné court. Au départ, la présidente du conseil régional d'Île-de-France avait pourtant tendu la main à la maire de Paris, ainsi qu'elle l'a raconté à Marion Van Renterghem[1].

Valérie Pécresse se flatte qu'après sa réélection au conseil régional son programme ait été aussitôt mis sur les rails à près de 80 %. Nulle présomption donc de la part de Frédéric Lemoine quand il confie que « ce qui [lui] plaît le plus chez elle, c'est qu'elle dise : "J'aurai tous les textes prêts le jour mon élection" ». Moyennant quelques ajustements, pour tenir compte de la réalité du moment, « on aura un texte prêt sur la sécurité, un texte prêt sur l'immigration, sur la décentralisation, des projets de loi rectificatifs du budget

1. *Et c'est cela qui changea tout*, *op. cit.* Valérie Pécresse fut choquée d'avoir été effacée d'une photographie prise au sommet de la tour Eiffel avec Anne Hidalgo et la présidente de Disney France sur le compte Twitter de la maire de Paris. Chacune pour soi !

avant qu'elle arrive au pouvoir, et un texte sur la débureaucratisation ».

La présidente de l'Île-de-France est fin prête, même si elle craint que la campagne présidentielle soit trop courte.

Avec trois heures de sport par semaine, sa forme est olympique. Elle ne doute pas d'y arriver. « Pour Valérie il y a deux catégories : les glandeurs et les bosseurs. Quand elle m'a confié en 2015 la vice-présidence à l'Éducation et à la Culture, je lui ai dit au bout de deux ans que c'était trop et que j'étais au bord de l'explosion », confie Agnès Evren, l'une de ses porte-parole dans la campagne. « Pas de problème, tu es capée pour le faire. Occupe-toi des lycées à partir de 8 heures et de la culture dès 14 heures.

— Je n'ai pas la même ambition que toi d'être présidente de la République », lui répond Agnès Evren, qui tiendra deux ans en cumulant les deux postes, alors que Julien Dray lui avait dit : « C'est de la folie. »

Traduction de son amie Fabienne Chol : « Elle est consciente de la chance qu'elle a eue et elle a ce sentiment chevillé au corps qu'elle a le devoir de rendre ça. Aussi donne-t-elle sa chance à chacun. »

14

Une femme d'ordre

Le ministre de l'Intérieur a aimé *Bac Nord*, si l'on en croit ses confidences en décembre 2021 à quelques journalistes[1]. Stupéfiant. Car ce film sur le trafic de drogue dans les quartiers nord de Marseille est inquiétant. Il montre à quel point les policiers sont débordés par la guerre des territoires. La dernière séquence est éloquente. L'arrestation de trafiquants en flagrant délit se révèle très périlleuse. Les forces d'intervention doivent se replier sous les jets de projectiles des habitants de la cité, déchaînés. « C'est un peu exagéré, mais ce n'est pas un film antiflics », temporise Gérald Darmanin, signalant que depuis deux compagnies de CRS ont été déployées à Marseille, ville fétiche d'Emmanuel Macron. Mais pour combien de temps ?

« La campagne présidentielle sera axée sur l'autorité parce qu'elle est bafouée à tous les étages[2] », assénait Valérie Pécresse deux mois auparavant. Elle sent que la campagne présidentielle va se jouer en bonne partie sur ce thème, qui va de pair avec la question de la sécurité et de la montée de la violence, fantasmée ou non. Dès la crise sanitaire estompée avec la fin de la vague Omicron, Emmanuel Macron ne

1. Entretien avec des journalistes de la PQR, 13 décembre 2021.
2. Déjeuner avec la PQR, 5 octobre 2021.

pourra plus différer son entrée en lice officielle et les vraies questions d'actualité vont refaire surface. Fidèle à son habitude, sa rivale se prépare avec méthode et minutie à la controverse sur un des sujets qui préoccupent les Français.

La droite s'est voulue depuis toujours le parti de l'ordre. Hélas pour elle et pour le pays, cela n'a pas suffi à la rendre efficace. L'invocation du « Kärcher » par Nicolas Sarkozy, en juin 2005, dans la cité des 4000 à La Courneuve, n'a pas changé grand-chose à une réalité qui, sur le terrain, s'est détériorée. Si elle met les deux quinquennats Hollande et Macron dans le même sac, Valérie Pécresse a conscience que le bilan antérieur de sa propre famille politique ne lui est pas d'une grande aide, hormis la gestion sans trop de casse des émeutes des banlieues en 2005, qui aura tout de même duré trois semaines. Pour s'en faire une idée, rappelons que l'ancien magistrat Georges Fenech, député UMP-LR de 2002 à 2017 et membre de la commission des lois à l'Assemblée nationale, avait publié en décembre 2001 un ouvrage intitulé *Tolérance zéro*[1]. Ses attendus méritent le détour : « Cinq cent mille crimes et délits en 1960. Plus de seize millions en 1999. Cités interdites, émeutes urbaines, véhicules incendiés, crimes gratuits, échec de l'intégration sont les signes de la faillite des systèmes éducatif, policier et judiciaire. Un constat qui révèle tragiquement l'impuissance des responsables politiques[2]. »

Quelle évolution en vingt ans ? Les « quartiers » où vivent beaucoup de Français qui sont les descendants d'immigrés de la deuxième ou troisième génération sont

1. Georges Fenech, *Tolérance zéro. En finir avec la criminalité et les violences urbaines*, Grasset, 2001.
2. *Ibid.*

plus que jamais travaillés par l'islamisme et gangrenés par le trafic de drogue. À la clé, la constitution de zones de non-droit, où la police a du mal à pénétrer, où les pompiers, les médecins et les infirmiers sont agressés et où les habitants – particulièrement les femmes – subissent la loi machiste de l'obscurantisme religieux ou de mœurs ultra-patriarcales en contravention avec la laïcité, l'égalité des sexes et les libertés individuelles. Des situations auxquelles, on l'a dit, la femme qu'est Valérie Pécresse est extrêmement sensible, elle qui a prohibé l'usage du burkini dans les bases de loisirs de sa région. Le tableau est édifiant et l'exaspération menace de se transformer en vote populiste massif.

À ceux qui doutent de Valérie Pécresse, Georges Fenech soutient que le programme qu'elle défend est « crédible ». Ne serait-ce que parce qu'il a été nourri par Frédéric Péchenard. Ce dernier, ancien directeur général de la police nationale sous Nicolas Sarkozy, aujourd'hui vice-président à la sécurité de l'Île-de-France, travaille depuis des années avec la candidate. Y a-t-il une fracture sur ces questions au sein de LR ? Non, assure Frédéric Lemoine, chargé du projet présidentiel de la candidate : « Éric Ciotti a défendu pendant la campagne des primaires des propositions sur la sécurité, la justice et l'immigration qui sont très proches de celles de Valérie. Il y a quelques différences, mais pas d'écart objectif. » Quant à l'élu des Alpes-Maritimes, il nous confiait deux mois avant la primaire des Républicains : « Moi, j'ai l'impression depuis longtemps qu'on n'a rien compris. Cette peur du déclassement, cette peur identitaire, notre discours n'y répond pas. Nicolas Sarkozy y a répondu une fois en 2007[1]. » Lors d'un petit déjeuner à Bercy, peu

1. Déjeuner avec la presse régionale, 7 octobre 2021.

avant l'attentat de Nice en juillet 2016, Emmanuel Macron, ministre de l'Économie, avait fait à Éric Ciotti des offres de service. « Je serai candidat et François Hollande ne le sera pas. Rejoins-moi, la vie sera active et inventive. » N'ayant pas saisi la perche, Ciotti s'est vu remplacé dans le cœur de Macron par Christian Estrosi, le maire de Nice.

Les faits sont têtus. Ils expliquent pour une part appréciable les réactions de rejet et fondent les intentions de vote des citoyens tentés par Éric Zemmour ou Marine Le Pen et qui représentent dans les sondages un bon tiers de l'électorat. Par-delà les habituelles incantations exigeant des nouveaux venus ou de leurs enfants le respect des lois de la République, la question d'une difficile cohabitation civilisationnelle est posée. C'est ce sur quoi surfe l'ancien polémiste du *Figaro*. L'aile droite de LR, y compris sa composante chrétienne conservatrice, se sent proche de cette fraction de l'opinion.

Valérie Pécresse, qui a toujours prôné la prise en compte des diverses sensibilités traditionnelles de la droite et leur unité militante dans la quête du pouvoir, a fait d'Éric Ciotti son « conseiller autorité ». Pour la femme politique qui, sans crainte d'être accusée de ringardise, a constamment insisté sur les valeurs de discipline à l'école et de l'ordre républicain dans la rue, incarner cette revendication élémentaire qu'est la sécurité, inscrite, faut-il le mentionner, dans la *Déclaration des droits de l'homme et du citoyen*, n'est pas illogique. C'est pourquoi elle a cru bon d'annoncer le 6 janvier 2022, à l'occasion d'une tournée à Salon-de-Provence et Cavaillon, qu'elle allait « ressortir le Kärcher de la cave » où il rouillait « depuis dix ans[1] ».

1. Interview dans *La Provence*, 6 janvier 2022.

Cette sortie, purement tactique, a été diversement appréciée. Qu'importe. Elle n'a aucun état d'âme. « Je suis comptable de tout ce que la droite n'a pas fait. Et le Kärcher reste dans l'imaginaire de la droite. Or il fallait que je me réapproprie cet héritage, d'autant que le doute permanent porte sur la manière dont je vais m'y prendre[1]. » Seule compte l'efficacité, dans le respect du droit. Lors du lancement à l'automne 2021 de son « projet de loi référendaire sur la sécurité intérieure et contre l'islamisme », elle s'est référée à des chiffres inquiétants : une hausse de 17 % des coups et blessures volontaires en cinq ans. Elle note que 10 % de ces actes sont le fait de mineurs, auteurs de 30 % des violences gratuites. D'où sa proposition d'abaissement de la majorité pénale de dix-huit à seize ans. Pour elle, seule prime l'action efficace : on l'a vu avec la création, à son initiative, de brigades volantes dans la région Île-de-France, pour intervenir dans les lycées à la demande des proviseurs confrontés à l'insécurité. On le voit aussi avec la contribution financière de la région à la modernisation des commissariats délabrés et à l'achat d'équipement de première nécessité pour une police nationale démunie. « Le comble, explique un de ses lieutenants dans la région, Vincent Jeanbrun, c'est que le ministère de l'Intérieur ne voulait pas que notre subvention soit trop élevée, la règle étant que l'État doive contribuer à hauteur de 50 %, autrement dit apporter une enveloppe équivalente à la nôtre. Résultat : il a fallu ramener le montant de nos subsides de 20 millions d'euros à 7,5 millions[2] ! »

Le risque permanent que de nouveaux attentats meurtriers soient commis par des terroristes islamistes, de nationalité

1. Entretien avec l'auteur, 7 janvier 2022.
2. Entretien avec l'auteur, 12 janvier 2022.

française ou non, inquiète. La découverte régulière par les services de sécurité de préparatifs d'attaques et la libération chaque année de dizaines de personnes radicalisées sans garantie absolue qu'elles soient hors d'état de nuire une fois sorties de prison, tout cela contribue à entretenir dans l'opinion une tension anxiogène. Éric Ciotti, son concurrent malheureux, voulait un « Guantanamo à la française », afin d'y enfermer « les cas extrêmement graves » de terroristes nécessitant, à son avis, « des mesures d'exception avec un centre de rétention dédié[1] ». L'ancienne auditrice au Conseil d'État, à cheval sur le respect du droit, exclut cette solution et c'est Patrick Stefanini qui recadre Éric Ciotti en douceur sur BFM, le 7 octobre 2021. Lui reconnaissant la qualité d'expert ès-questions régaliennes, il souligne qu'à l'issue des primaires c'est la ligne politique de Valérie Pécresse qui a été ratifiée : « Nous ne sommes pas aux États-Unis avec la constitution d'un ticket présidentiel », dit-il. Pour faire bonne mesure, Valérie Pécresse déjeune le même jour avec Ciotti à Nice à La Petite Maison, restaurant préféré de Nicolas Sarkozy.

Concernant les djihadistes, elle propose l'extension du crime d'intelligence avec l'ennemi, afin de pouvoir les interpeller avant qu'ils ne passent à l'action. Elle se prononce pour le vote d'« une mesure de rétention de sûreté », afin que ces « bombes humaines » ne soient pas lâchées dans la nature sans contrôle[2]. « Dans mon système, on passe par le juge », poursuit-elle. Considérant la gravité du danger et le sérieux des problèmes juridiques qu'il soulève, elle entend intégrer ce genre de mesure dans la loi constitutionnelle

1. Interview au *Point*, 10 novembre 2021.
2. Interview sur BFM TV, 4 décembre 2021.

qu'elle soumettra dès sa première année de mandat au peuple français par référendum.

La pandémie est venue surajouter une couche d'insécurité sanitaire, mettant à rude épreuve la cohésion d'un pays qui n'avait pas besoin de ce nouveau coup de boutoir aux conséquences économiques néfastes. À cela vient s'additionner un phénomène relativement nouveau : les menaces visant les élus, maires et députés, suivies d'agressions plus fréquentes. Pour toutes ces raisons, le besoin d'un retour à l'ordre et les moyens d'y parvenir sont voués à s'incruster dans le débat politique. Certes le thème est récurrent.

« La France a peur », disait Roger Gicquel à l'ouverture du journal de 20 heures, en 1976[1]. Et la peur est rarement bonne conseillère. Justement, « avec Valérie Pécresse, la peur changera de camp », proclame un tract LR intitulé « Mettre de l'ordre dans la rue » et s'achevant par cette affirmation : « La France a besoin d'un choc d'autorité. » Dans les esprits, ces sujets sont souvent associés, à tort ou à raison, à ceux de l'immigration illégale et du contrôle des frontières défaillant face au flot de réfugiés économiques, politiques ou climatiques qui, pêle-mêle, déferlent depuis vingt ans en provenance d'Afrique et du Moyen-Orient. En 2020, trois mille trois cents expulsions ont été exécutées, sur cent vingt mille demandes de reconduite à la frontière (obligation de quitter le territoire français dans un délai de trente jours), soit dix fois moins que sous Nicolas Sarkozy.

« Que voulons-nous ? Nous voulons stopper l'immigration sur laquelle le gouvernement a échoué et ne maîtrise plus rien », lance Valérie Pécresse lors de la conférence de

1. À propos d'un célèbre et triste fait divers, l'enlèvement à Troyes du petit Philippe Bertrand par Patrick Henry, suivi de sa mort.

presse où elle présente un projet de loi constitutionnelle « pour mettre fin à l'immigration incontrôlée ». Ce texte est censé permettre à la France « d'arrêter de subir et de reprendre le contrôle de son destin et de la souveraineté à ses frontières ». Que dit la candidate ? Que l'immigration zéro n'existe pas, que ceux qui la proposent sont des démagogues, mais qu'il faut instituer des quotas annuels ou pluriannuels, y compris pour le regroupement familial. Cette seconde loi constitutionnelle sera également soumise à référendum. L'enjeu est de convaincre l'électorat que, cette fois, un candidat à la magistrature suprême, sur une des questions qui trouble le pays depuis des décennies, veut clore un débat sans fin et passer à l'acte, en adoptant une approche déterminée.

Conscient que sa politique régalienne est l'un des angles morts du quinquennat, Emmanuel Macron entend rattraper le temps perdu. On peut en effet parler d'un réel effort budgétaire, qui tranche avec des années d'impérities et d'austérité. « Là où la justice était devenue une variable d'ajustement budgétaire, elle est devenue une priorité », avec une hausse de 30 % du budget en cinq ans, rappelle le président de la République en lançant le 18 octobre 2021, près de Poitiers, les « États généraux de la justice ». À cette occasion, il évoque la construction de sept mille places de prison, huit mille autres devant suivre. Le cap des neuf mille magistrats a été franchi – neuf mille quatre-vingt-dix exactement aujourd'hui, soit sept cents de plus, et huit cent cinquante greffiers de plus –, sans oublier « le doublement des délégués du procureur ». Quant au soupçon d'une manœuvre politicienne à l'approche de la présidentielle, le chef de l'État admet que ces États généraux interviennent tard, à un « moment démocratique » particulier.

Le président assure qu'il n'a fait que répondre à la suggestion de la première présidente de la Cour de cassation, Chantal Arens, et du procureur général François Molins, lors d'une réunion à l'Élysée avec le garde des Sceaux Éric Dupond-Moretti, quelques mois auparavant. « Il y avait, selon vous, urgence à renouer le lien entre la justice et ceux au nom desquels elle est rendue, à savoir les Français. » Les critiques contre l'institution judiciaire, la mise en cause des juges et des décisions de justice, y compris par des responsables politiques, se sont en effet multipliées ces derniers temps, au grand dam de la magistrature.

Sur ce point, Valérie Pécresse n'est guère soupçonnable de hurler avec la meute : elle a maintes fois affirmé la primauté du droit et réprouvé la tendance à dénoncer la politisation de la justice.

Dans la perspective de la présidentielle, les nerfs sont néanmoins à vif. Car si un effort a été accompli, on est encore loin du compte, pour peu que l'on se compare aux pays voisins (Allemagne, Royaume-Uni) où la dépense pour la justice est double de celle de la France. À l'audience solennelle de rentrée de la Cour de cassation, le 10 janvier 2022, François Molins ne se montre guère conciliant. En présence du Premier ministre Jean Castex et du ministre Dupond-Moretti, le haut magistrat dénonce des « conditions de travail intenables » et « le manque structurel de moyens ». Ce qui a le don d'exaspérer le garde des Sceaux, qui réagit au quart de tour, considérant avoir largement contribué à améliorer la situation, et qualifie de « scandaleux » les propos du procureur général. Comme le souligne François Molins[1], il n'a fait que reprendre les constats de la

1. Interview sur France Inter, 11 janvier 2022.

Cour des comptes « depuis cinq ou six ans » quant à l'urgence de réformer et donner des moyens modernes à la justice. Cette passe d'armes ne peut que réjouir la candidate LR, qui promet, à l'horizon 2027, de consacrer 9 milliards d'euros aux tribunaux – contre 6 milliards aujourd'hui – et 3 milliards au lieu de 2 pour les prisons, la Chancellerie et autres services. Quant à la police et à la gendarmerie, elle se propose de leur allouer 5 milliards.

Les Républicains ne se priveront pas à l'avenir de fustiger les faiblesses du bilan gouvernemental dans le domaine régalien, même si Emmanuel Macron a hérité d'un passif qui remonte à loin. Et leur cellule riposte de souligner que le quinquennat n'a servi qu'à faire des audits : « Livre blanc de la sécurité », puis « Beauvau de la sécurité », pour finir par les fameux « États généraux de la justice ». Le président en a si bien conscience que, le jour même où le procureur Molins étrillait le pouvoir sur l'insuffisance des moyens accordés à la justice, il intervient à Nice pour dire, *primo*, qu'il ne pouvait « laisser dire que rien n'a été fait », et *secundo*, qu'il allait mettre 15 milliards d'euros de plus sur la table pour la sécurité, à dépenser en cinq à dix ans. Sous-entendu : si les Français le réélisent. Emmanuel Macron a quand même l'ingénuité d'admettre qu'il était « conscient des défis qu'il nous reste à relever en matière de sécurité ». Aller vanter, dans la ville même dont Éric Ciotti est député, lequel a d'ailleurs boycotté la venue du président sortant, une série de mesures à mettre en œuvre durant le prochain quinquennat sans que ce dernier ait même annoncé sa candidature, voilà qui peut sembler osé ! Le ministre de l'Intérieur, Gérald Darmanin, s'empresse d'embrayer : « Après avoir redonné des moyens au ministère de l'Intérieur pendant les cinq ans écoulés, le président de la République a dessiné une modernisation profonde et sans précédent de l'administration que j'ai l'honneur de diriger. » Objectif: doubler le nombre de policiers et gendarmes sur le terrain d'ici à 2030. Rappelons tout de même que pour avoir un policier sur le terrain, il en faut sept à l'effectif!

Face au contre-feu que les macroniens tentent d'ériger, le député Aurélien Pradié, l'un des porte-parole de Valérie Pécresse, a ce mot: « Emmanuel Macron est un baratineur. » À tout le moins, l'approche de la présidentielle crée une une délirante émulation. Et le jeu de ping-pong continue entre les deux camps qui se marquent à la culotte. Bien que la masse salariale ait augmenté de 21 %, le nombre de policiers sur le terrain a baissé, tout comme le nombre d'affaires élucidées. Sans parler du rapport de la Cour des comptes insistant sur la paupérisation de la police.

Laissons le mot de la fin au vice-président à la sécurité de Valérie Pécresse, l'ancien directeur général de la Police nationale (DGPN) Frédéric Péchenard: « Par l'absence de sanctions, on a progressivement mis en place une impunité des voyous. Ça s'explique par dix ans de socialisme et d'extrême gauche à la justice. À quoi sert de voter des peines plus dures si on ne les applique pas ? Les places de prison supplémentaires prévues n'ont pas été construites parce que ça coûtait trop cher. En Angleterre, il y a quatre-vingt-seize mille places, soixante-dix-sept mille en Espagne et soixante mille en France. Il faudrait un président de la République qui ait envie que ça change et que l'on applique les peines des tribunaux. Or, la moitié des amendes ne sont pas recouvrées[1]. »

1. Entretien avec l'auteur, 15 novembre 2021.

L'angle d'attaque est que Macron s'est réveillé trop tard sur le régalien. Et que ses deux premiers ministres de l'Intérieur, Gérard Collomb et Christophe Castaner, n'étaient pas à la hauteur. Avec Gérald Darmanin c'est mieux. Même s'il a aimé *Bac Nord*, que Valérie Pécresse et Marine Le Pen ont aussi vu et commenté, le réalisateur Cédric Jimenez n'appréciant d'ailleurs pas le détournement politique de son film.

15

L'équipe de France

Patrick Stefanini a commencé sa carrière en 1986 auprès du ministre délégué à la Sécurité, Robert Pandraud, lequel secondait le ministre de l'Intérieur, Charles Pasqua, l'homme qui voulait « terroriser les terroristes ». Après la cohabitation (1986-1988) qui vit Jacques Chirac réduit en cendres par François Mitterrand, Stefanini rejoint Alain Juppé, qui tient alors les rênes du RPR. Cela lui vaudra une condamnation pour emploi fictif, comme tous les permanents du parti alors rémunérés par la mairie de Paris. Directeur de campagne de Valérie Pécresse, il est aujourd'hui surnommé « le magicien », qualificatif flatteur depuis qu'il a permis l'élection de sa candidate à la primaire de la droite, en décembre 2021. Mais il fut d'abord l'artisan de la victoire de Chirac à la présidentielle de 1995, puis de François Fillon à la primaire de 2016. C'est pourquoi Éric Zemmour a voulu faire appel à lui. En vain.

Certes, il n'a pas connu que des succès. C'est d'ailleurs pourquoi il ne voulait pas prendre sa retraite sur un échec, celui du magistral plantage de Fillon à la présidentielle de 2017. C'est pourtant Stefanini qui a lâché l'ancien Premier ministre dans la dernière ligne droite, ayant appris de la bouche de Gérard Larcher ce qu'il ignorait encore. Dès décembre 2016, *Le Canard enchaîné* avait envoyé à François Fillon un questionnaire sur l'emploi fictif de sa femme, mais il s'était bien gardé d'en parler, pas plus à sa conseillère en communication Anne Méaux qu'à Stefanini. Lequel me confie : « Je voulais partir quand Fillon a été mis en examen et qu'il m'a annoncé le lendemain qu'il se maintenait. J'ai pensé à démissionner tout de suite, puis, comme on avait lancé la grande manifestation du Trocadéro dont j'étais l'organisateur, j'ai attendu qu'elle ait lieu. De toute façon, il ne pouvait plus aller nulle part sans tomber sur un concert de casseroles[1]. » Modeste, il se dépeint avant tout en organisateur. « Un nez plus fin que les autres, une charge de travail immense et une organisation millimétrée », selon Daniel Fasquelle, le trésorier des Républicains[2]. Et surtout un talent pour le marketing électoral développé lors de la campagne de 2017[3].

Patrick Stefanini, qui fut aussi préfet de région et conseiller d'État, a développé une bonne expertise sur les questions d'immigration, qu'il a développées dans un livre[4]. Un sujet qui n'est plus tabou, comme à l'époque où il organisait de Matignon l'expulsion des sans-papiers de l'église Saint-Bernard, en 1996. Une préoccupation lancinante, au centre des débats de la droite au cours du dernier trimestre 2021.

Longtemps considéré comme une éminence grise, il accepte désormais de passer de l'ombre à la lumière et

1. Entretien avec l'auteur, 31 décembre 2021.
2. *L'Humanité*, 27 décembre 2021.
3. Solenn de Royer explique dans son article « L'homme-orchestre de la droite » que Stefanini a eu recours au logiciel Nation Builder qui permet de cibler les foyers (*Le Monde*, 27 janvier 2022).
4. *Immigration. Ces réalités qu'on nous cache*, Robert Laffont, 2020.

fréquente les plateaux de télévision. Un peu trop, d'ailleurs, au goût de certains dans son équipe. « On vit dans une société où beaucoup de Français se sentent menacés par le déclin du pays, dit-il. Ils le lisent dans la démographie qui reste pourtant la meilleure en Europe. Hollande a sacrifié la politique familiale et Macron n'a rien fait pour y remédier. Le risque, c'est de rejoindre la moyenne européenne avec une diminution de la population active qui rendra difficile la maîtrise des flux migratoires. Dans son projet, Valérie développe une vraie politique de la famille. Mais le déclin s'alimente à la déréliction de l'école, qui aggrave la situation. Elle ne joue plus son rôle d'intégration et le dédoublement des classes ne suffit pas[1]. »

Le stratège est devenu théoricien. Mais ces questions d'éducation, pourtant essentielles, n'intéressent pas les journalistes, se plaignent plusieurs membres de l'équipe. En tout cas moins que le retour des fillonistes au QG. Un article du *JDD* à ce sujet a beaucoup agacé la candidate. « Le retour des fillonistes, l'idée qu'on serait dans une revanche par rapport à 2017, c'est une vue de l'esprit. Valérie Pécresse est très soucieuse d'unité et elle fait tout le contraire de ce que fit Fillon », martèle Geoffroy Didier[2], son directeur de la communication, aujourd'hui député européen et conseiller régional. Esprit vif ayant cumulé Sciences Po, l'Essec et Harvard, tour à tour avocat à New York puis à Paris, Geoffroy Didier a fait ses classes au ministère de l'Intérieur avec Brice Hortefeux, avant de créer « La Droite forte » avec Guillaume Peltier – lequel est revenu à ses premières amours en rejoignant Éric Zemmour. C'est lui qui

1. Entretien avec l'auteur, 31 décembre 2021.
2. Entretien avec l'auteur, 27 décembre 2021.

donne le ton en murmurant à l'oreille des journalistes. Et de préciser que Stefanini, artisan du succès de la droite depuis vingt ans, n'est pas filloniste. Pas plus qu'Hugues Anselin, plus proche de Nicolas Sarkozy, ou qu'Arnaud de Montlaur, chargé des levées de fonds, et que Vincent Chriqui[1], ex-directeur de campagne de Xavier Bertrand, juge-t-il utile de préciser. Utile aussi de souligner qu'il fallait faire de la place pour tout le monde au QG de la candidate. Geoffroy Didier accueille donc les vaincus sans ostracisme. Et, pour faire bonne mesure, Valérie Pécresse prendra ses distances à l'égard de la nomination de François Fillon au conseil d'administration de Gazprom, géant russe de la pétrochimie.

Jean-Marc Zakhia, né à Amshit, au Liban, dont il a traversé la guerre civile, est l'ami des bons et des mauvais jours. Contrairement à Geoffroy Didier, le directeur de la communication, en première ligne face à la presse, il ne s'expose pas. Il fuit même la lumière. Avec son look d'inspecteur Columbo, on ne le remarque pas, mais il voit tout, sait tout. Véronique Le Goff, chargée de la communication au cabinet de Jean-Yves Le Drian au Quai d'Orsay, a connu Zakhia chez Havas, avant qu'il n'aille au Medef. « Il est discret, gentil, fiable, dit-elle. Il fait les choses sérieusement et, contrairement à beaucoup de petits péteux, il n'est pas dans l'esbroufe. S'il leur faut des gens qui font du *storytelling*, des *spin doctors* qui veulent montrer combien ils sont intelligents, ce n'est pas lui. Son rôle, c'est de faciliter et de protéger », dit-elle. À commencer par protéger la candidate

1. Celui-ci était l'adjoint de Stefanini avant de prendre sa place au lendemain de la démission du directeur de cabinet de François Fillon. Quant à Anne Méaux, grande prêtresse de la communication, elle est revenue dans la campagne de Valérie Pécresse sur la pointe des pieds.

qui, contrairement à son image, parle un peu trop *cash* en privé, et qu'il faut « brider ».

Le QG, c'est « la patronne », comme l'appellent ses gardes du corps, qui l'a choisi. Il tranche avec le QG clinique, froid et sans âme de la campagne de Fillon, dans le XVe arrondissement de Paris. Elle le voulait familial, lumineux, dégageant de bonnes ondes. « Les jeunes seront bien ici », a-t-elle dit dans ce décor de start-up, avec des *open spaces* à tous les étages, où l'on cherche à rassembler toutes les équipes antérieures, comme au pôle communication. Des bocaux disposés sur les meubles regorgent de bonbons et de nounours en chocolat. Ajoutons que la candidate, qui adore le cinéma, a fait tapisser les lieux d'affiches. Ainsi, à côté d'un cliché de Simone Veil trônent celles du *Président* d'Audiard et de *Mommy*, le film de Xavier Dolan qui l'a tant émue. Par ailleurs elle a offert à ses collaborateurs celles qui semblaient correspondre à leur tempérament. *Le Dernier Jedi* pour Stefanini, *Kill Bill* pour sa directrice de cabinet Magali Lamir, et l'affiche d'un *James Bond* pour Jean-Marc Zakhia. « Elle sent les jeunes, la société. Ses directeurs le sont. Dans son cabinet, elle aurait pu ne prendre que des ingénieurs, mais il y a de tout, des artistes, des chefs d'entreprise. Ce que j'adore dans nos réunions, c'est qu'il y a un bouillonnement d'idées », constate Magali Lamir. Avec Jean-Marc Zakhia, le conseiller en communication, Magali fait partie des « historiques ». Jeune militante émoulue de Sciences Po à Rennes, elle est d'abord nommée conseillère aux affaires réservées du ministère de l'Enseignement supérieur, suite à un coup de fil de la ministre :

« J'ai une proposition indécente à te faire, rejoindrais-tu le cabinet ?

— J'ai un problème, j'ai un enfant en bas âge dans les bras.

— Aucun problème, on va s'organiser. »

De fait, comme il y a beaucoup de femmes dans l'entourage de la présidente de région, les réunions impromptues étaient exclues le soir, à la région comme à l'Élysée, où Valérie Pécresse n'hésitait pas à les quitter quand elles se prolongeaient au-delà de 20 heures. Surtout, la « patronne » n'aime guère les réunions où il n'y a que des « mecs ». L'accompagnant en voiture, je surprends une conversation téléphonique avec Frédéric Lemoine, le conseiller chargé du projet, dont elle arbitre encore certains aspects et à qui elle dit : « Il faut mettre des filles comme Alexandra dans la réunion. Je ne veux pas être la seule. »

Alexandra Dublanche, à qui Valérie Pécresse a offert l'affiche de *Million Dollar Baby* de Clint Eastwood, elle l'a rencontrée en 2011. C'était lors d'une conférence que la ministre de l'Enseignement venait donner à Harvard, dont Alexandra présidait le club français. « Elle m'a fait forte impression en tenant une heure et demie en anglais face aux étudiants[1] », raconte celle qui, à l'époque, travaillait aussi pour la sénatrice démocrate de New York, Kirsten Gillibrand, tout en suivant la campagne de Barack Obama. « Je lui ai fait des notes sur le marketing électoral à l'américaine, les techniques de ciblage », souligne-t-elle. L'année suivante, elle la revoit en pleine guerre Copé-Fillon. Puis, après l'élection de François Hollande, alors que Valérie Pécresse écrit *Voulez-vous vraiment sortir de la crise ?*[2], Alexandra Dublanche rédige pour elle d'autres notes sur la

1. Entretien avec l'auteur, 17 janvier 2022.
2. Albin Michel, 2013.

débureaucratisation au Canada ou l'éducation en Finlande. La présidente du groupe d'opposition à la région l'embauche à son cabinet en mai 2013, comme conseillère à l'économie, puis l'envoie se faire élire à Sartrouville, dont elle deviendra maire-adjoint. Avant de la nommer en 2018, trois ans après sa victoire, vice-présidente en charge des affaires économiques et des entreprises à la région. « Consciente qu'elle n'est entourée que de gens qui n'avaient guère connu que l'opposition, Valérie essaie de nous faire grandir, précise-t-elle. Nommée présidente de l'agence Choose Paris Region, Alexandra rappelle que Valérie Pécresse a dû se battre pour se faire inviter au Sommet de l'investissement qui s'est tenu à deux reprises au château de Versailles et auquel l'Élysée ne l'avait pas initialement conviée.

Si beaucoup d'associations ont vu leurs subventions revues à la baisse, toutes n'ont pas été « passées au Kärcher ». Face à la levée de boucliers suscitée par la suppression du « pass contraception », dont on assure à la région que la ligne budgétaire n'était pas consommée, et compte tenu de la réduction envisagée de 30 % du Centre Hubertine-Auclert, en pointe sur le sujet de l'égalité hommes-femmes, mais considéré comme un repaire de gauchistes, Valérie Pécresse a préféré temporiser. « Je pense que la défense des femmes est un sujet important pour elle, même s'il n'est pas payant dans son camp politique et que son programme pour la présidentielle n'en parle pas », nous confie l'une de ses animatrices. Le centre est toujours abrité au siège de la région et Valérie Pécresse, lors de ses déplacements, est interpellée par les associations d'aide aux femmes victimes de violences.

Sa sollicitude à l'égard des femmes va jusqu'à envoyer un texto à la journaliste de France 24, Roselyne Febvre, dont le livre sur son fils drogué l'a émue[1]. Elle la reçoit à la région avec sa directrice de cabinet adjointe, Anne-Claire Tyssandier, et la conseillère en charge du médical, Sonia Gaucher. « Elles m'ont posé des questions pointues sur les difficultés que j'avais rencontrées et sur ce qu'on pouvait faire en matière de prévention », raconte la journaliste.

Othman Nasrou, l'un de ses porte-parole, est arrivé en France à l'âge de dix-sept ans, après avoir grandi à Casablanca. Il fait HEC vingt ans après Valérie Pécresse et la rencontre un jour sur le campus où elle est venue tenir une conférence. Tête de liste aux municipales à Trappes en 2014, il est battu par Ali Rabeh, placé par Benoît Hamon dont il était le chef de cabinet. L'invalidation de la réélection d'Ali Rabeh, annulée à l'été 2021 par le tribunal administratif, n'a pas été confirmée par le Conseil d'État. Traité d'islamophobe et menacé de mort, sur fond de clientélisme et de communautarisme, Othman Nasrou dresse un constat pessimiste sur ces enclaves « séparatistes » où la fracture s'aggrave dès lors que les élus de gauche ont été instrumentalisés par les islamistes : « Il y a trente-deux mille habitants à Trappes qui ne sont évidemment pas tous radicalisés. Mais il s'y joue quelque chose », dit-il, avant d'ajouter : « Le PS est en train de perdre la bataille des élus dont Benoît Hamon a été l'emblème. Il n'a pas créé le problème, mais il l'a exploité sur le thème : "La France ne nous aime pas, votez pour nous[2]." »

Promu à la région d'Île-de-France par sa présidente, Othman Nasrou remplace d'abord David Douillet aux

1. *Les Battements de cœur du colibri*, Éditions du Rocher, 2021.
2. Entretien avec l'auteur, 3 janvier 2022.

affaires internationales, en 2016, puis Thierry Solère nommé par Valérie Pécresse à la présidence du groupe majoritaire, en 2017. Ce dernier ne s'intéresse guère aux conseillers régionaux de la majorité, qu'il connaît à peine, et débauche des élus pour Emmanuel Macron, dont il deviendra le conseiller politique après avoir juré dans les yeux à Pécresse qu'il ne rejoindrait pas le camp adverse. Ayant cédé sa place à Vincent Jeanbrun, Nasrou revient à l'international en 2020 et accompagne la présidente dans des tournées express à l'étranger. À Singapour, pour étudier la modélisation de la ville en numérique. À New York, pour travailler sur l'attractivité de la marque rebaptisée « Paris-Région », car les Américains confondaient l'Île-de-France et les Antilles. En Chine, à Pékin et Shangaï, pour expliquer que la Ville de Paris n'est pas dangereuse, sauf à transporter trop de liquide sur soi. Ou au Maghreb et au Sénégal, pour créer un réseau d'incubateurs à Tunis, Alger, Casablanca et Dakar. Sous la férule des socialistes, la région travaillait surtout avec l'Amérique latine, selon un tropisme révolutionnaire bien connu.

Othman Nasrou, élevé par un père professeur d'arabe mais très francophile, n'hésite pas à dire : « Je demande à être jugé sur mes paroles et mes actes. Pas sur mes origines. Je ne veux pas être une caution, ni être enfermé. Je crois à la promesse républicaine. Elle l'a rendue possible. Les seuls qui m'ont renvoyé à mes origines, ce sont les gens de gauche. »

Autre « bébé Pécresse » et porte-parole dans la campagne, Florence Portelli qui a reçu pour affiche *A Star is Born*. Son père, Hugues Portelli, professeur de Sciences politiques à Assas et spécialiste de Gramsci, se fit élire maire d'Ermont et devint sénateur UMP. Son oncle Serge, magistrat, eut maille à partir avec Nicolas Sarkozy qui lui en a fait vertement la remarque. Très attirée dans sa jeunesse par la culture et l'éloquence de Philippe Séguin, elle estime aujourd'hui que « son diagnostic sur le traité de Maastricht, dans son discours de 1992 à l'Assemblée, s'est révélé d'une justesse totale avec une vision romantique, presque allégorique de la France, incluant la nostalgie de sa disparition[1] ». Cette séguiniste née à Argenteuil est encore une jeune militante colleuse d'affiches lorsqu'elle rencontre Valérie Pécresse dans le Val-d'Oise et la trouve aussi gentille qu'accessible. Cette fan d'Alfred Hitchcock, devenue maire de Taverny à vingt-neuf ans, fera mordre la poussière au maire de gauche plurielle Maurice Boscavert et à son premier adjoint Rachid Temal, lesquels raillent cette jolie blonde en l'affublant du sobriquet « Falbala ».

« Pour moi, le plus important, c'est de mettre le paquet sur l'éducation et la culture entre zéro et dix ans », dit celle qui est présidente de l'Orchestre national d'Île-de-France depuis 2016 et a été nommée vice-présidente de la région à la Culture depuis les élections européennes de 2019. Sceptique sur le bilan d'Emmanuel Macron, qu'elle résume au Loto du patrimoine de Stéphane Bern en matière culturelle, elle déplore l'échec du « pass Culture », qui a surtout servi selon elle à acheter des mangas pour les adolescents. Elle voudrait rattacher au ministère de la Culture les Instituts français à l'étranger, qui tombent en déshérence. Celle qui n'hésite pas à s'initier au kick-boxing avec Kamel Chouaref, champion du monde originaire de sa ville, ne s'en laisse pas conter. Elle a su gérer les trois quartiers prioritaires qui posaient des problèmes à Taverny et a la réputation d'une bonne « cogneuse », au service de sa présidente sur les

1. Entretien avec l'auteur, 13 janvier 2022.

chaînes d'info où défilent à tour de rôle les porte-parole des Républicains comme des autres partis. « Quand j'ai vu Macron hystérique avec la voix cassée lors de son dernier meeting de campagne en 2017, j'avais l'impression d'être dans une scène d'*American Pie* », s'amuse-t-elle.

Mais revenons au QG de la rue Torricelli. Igor Mitrofanoff, qui partage le bureau de Jean-Marc Zakhia, a eu droit à l'affiche *Ghost Writer* du film de Polanski. Normal, c'est sa fonction. Il est devenu assistant parlementaire de François Fillon à vingt-huit ans et l'a suivi dans tous ses ministères comme conseiller politique, chargé de rédiger ses discours. Il a connu Valérie Pécresse à l'Élysée, sous la présidence Chirac, dont le conseiller Jérôme Monod avait demandé à Fillon de travailler à son projet en 2002. « Je l'appelais régulièrement pour avoir des documents. Je l'avais trouvée vive, imaginative et sympathique. Dans cette équipe de vieux briscards, elle était lumineuse[1] », dit-il.

Après l'échec de François Fillon, Mitrofanoff part travailler dans le privé dans le cabinet de recrutement Synergies. C'est la présidente de l'Île-de-France qui le rappelle et le reçoit à l'hôtel particulier de la région, rue Barbet-de-Jouy. « J'ai été séduit par son volontarisme et la passion qu'elle mettait à parler de la région. J'ai senti qu'elle avait une chance pour la présidentielle », ajoute-t-il.

Désormais, Igor écrit un ou deux discours par semaine. Il rédige un premier jet et le partage avec Patrick Stefanini, Geoffroy Didier, Jean-Marc Zakhia et Magali Lamir. Quand la version est « stabilisée », le premier cercle passe une heure ou deux à peaufiner le style avec la candidate. Un job sédentaire. Il ne suit pas la présidente, mais la regarde

1. Entretien avec l'auteur, 7 janvier 2022.

sur les écrans. Il relit également ses interviews à la presse écrite, collabore aussi à la rédaction des éléments de langage pour les porte-parole.

Au total, c'est un travail d'équipe. L'équipe de France.

16

Une pour tous, tous pour une

Dans la grisaille de ce matin d'octobre, Valérie Pécresse est nerveuse. L'article du *Figaro* qui accable la droite, incapable de se mettre d'accord sur un candidat, l'a ulcérée. Christian Jacob et Xavier Bertrand sont de mèche pour tuer la primaire, m'explique-t-elle. Mais le président des Hauts-de-France va commettre une erreur tactique. Il finit par se rallier à une consultation fermée au profit des seuls adhérents que finit par lui imposer le parti, après avoir prétendu pendant des mois s'en exonérer. S'il avait choisi une primaire ouverte, comme le souhaitaient Pécresse et Barnier, il aurait gagné. Trois mois plus tard, changement de décor. Elle a remporté la victoire sur le fil. « Lors du premier débat on m'avait dit : "Ne souris pas, ce n'est pas présidentiel." Puis on m'a dit : "Il faut sourire", explique la candidate, avant d'ajouter : "J'ai décidé d'être moi-même"[1]. »

Inaugurant, le mardi 4 janvier 2022, le QG de sa campagne présidentielle, rue Torricelli, dans le XVIIe arrondissement de Paris, Valérie Pécresse présente son équipe à la presse dans une ambiance très « start-up ». À tout seigneur, tout honneur, elle commence par ses concurrents

1. Entretien avec l'auteur, 23 décembre 2021.

malheureux de la primaire, sur l'estrade à ses côtés. Éric Ciotti, le finaliste, trône fièrement en première ligne. Michel Barnier domine l'assemblée de sa haute stature. Xavier Bertrand se tient légèrement en retrait. Le quatrième, Philippe Juvin, malade, est absent pour cause de Covid. Elle énumère une distribution des dossiers aux faux airs de *shadow cabinet* (cabinet fantôme) à l'anglaise. À Ciotti, tout frétillant, elle confie « l'autorité ». À Michel Barnier, un peu éteint, « la France et l'Europe dans le monde ». À Bertrand, qui a su se montrer élégant malgré son échec, « les territoires et le travail ». Et à Juvin, la « santé globale », comme on pouvait s'en douter. Ils sont ses « mousquetaires », lâche-t-elle. Dans la salle, personne ne pouffe et personne n'ose demander, lors des questions, qui est Porthos et qui est Aramis.

Et pourtant, jamais la devise des *Trois mousquetaires*, « un pour tous, tous pour un », n'aura été aussi appropriée. À ceci près, signe des temps, qu'elle doit être mise au féminin. Pour la candidate, un mois jour pour jour après sa victoire à la primaire de la droite républicaine, c'est son heure de gloire. Le « moment Pécresse ». Et tout le monde, chez LR – hormis peut-être quelques absents de marque comme Laurent Wauquiez, qui fait bonne figure mais risque de regretter d'avoir passé son tour –, a intérêt à l'unité. Le patron de la région Auvergne-Rhône-Alpes n'en figure pas moins dans l'organigramme de la campagne, bombardé « président du comité de soutien des élus ». Car, oui, la victoire est possible. Même si « ce sera ric-rac », a prédit Patrick Stefanini à la télévision[1]. À 16 % dans le baromètre Opinionway-Kéa Partners paru le 3 janvier dans *Les Échos*,

1. Dans « ExtraLocal », présenté par Marie Brette, Territoires TV, 10 décembre 2021.

elle pointe en deuxième, à égalité avec Marine Le Pen. Le président sortant, pas encore déclaré, caracole en tête avec 26 %, tandis qu'Éric Zemmour, vedette américaine de la fin 2021, plafonne à 13 %.

Certes, pour Valérie Pécresse, rien n'est joué. Tout reste à faire. Jusqu'à l'éventuel face à face du second tour, la moindre gaffe, la plus petite sortie de route pourraient être mortelles. La providence d'un parti ressuscité depuis les triomphales régionales d'avril 2021 suscite cependant l'euphorie. Tout le monde veut en être. Le retour aux affaires d'une droite éjectée des sommets du pouvoir dix ans auparavant est possible. Comment ne pas savourer l'instant ? Le chemin parcouru est si contraire aux pronostics qui donnaient gagnants Bertrand ou Barnier, lequel avait déjà réservé son futur QG. Certes, la campagne des cent jours à venir promet d'être périlleuse, mais aussi exaltante pour la combattante qu'elle est. Vingt ans après la victoire sur le général Morillon qui a fait d'elle, à trente-cinq ans, une jeune députée, Valérie Pécresse ne peut qu'être prise de vertige devant les responsabilités qui lui échoient. Au moins a-t-elle, en son for intérieur, la satisfaction de se dire qu'elle n'aura pas, au cours de sa carrière politique, souffert en vain des coups fourrés de ses adversaires, des croche-pieds de ses propres « amis » et de tant de ricanements machistes dans un parti qui l'est fondamentalement resté.

En ce 4 janvier, comment ne pas se souvenir du sort de Ségolène Royal, qui, de l'autre côté de la barrière politique, l'a précédée dans cette voie ? S'il y a une leçon à tirer de l'échec de Ségolène, peu soutenue par les éléphants du PS, c'est d'abord qu'il est indispensable que les dirigeants de LR présentent un front uni et participent à la campagne de leur candidate sans trop d'aigreurs et d'arrière-pensées assassines. L'échec de Nicolas Sarkozy en 2012, l'affrontement destructeur entre Copé et Fillon pour la présidence du parti en 2015, puis le peu glorieux « Penelopegate » et la défaite de Fillon dès le premier tour en 2017, jusqu'à l'effondrement électoral aux européennes de mai 2019 : tous ces revers ont au moins eu des vertus pédagogiques. L'unité est vitale. Sans parler de la nécessaire crédibilité. « La grande différence avec Ségolène, c'est qu'elle connaît ses dossiers et qu'elle a des idées », note un proche. Lors de la campagne de 2007, Valérie Pécresse n'avait d'ailleurs pas manqué d'ironiser sur le mot « bravitude » lancé par la candidate du PS lors d'un déplacement en Chine.

Dans l'hypothèse où la candidate LR accéderait au second tour, les sondages réalisés en janvier donnent encore Macron vainqueur. Insuffisant, donc, mais ce scénario fait d'elle à 48 % une bien plus redoutable finaliste que la cheffe du Rassemblement national, qui ne recueillerait que 44 % des suffrages. Du moins, si l'on en croit les éléments de langage qui circulent au sein de La République en marche qui cherche la riposte. En cas de duel au second tour avec le président sortant, on peut être certain que sa connaissance habituelle des dossiers et une résistance physique à toute épreuve ne lui feraient pas défaut face à Emmanuel Macron. Elle n'est *a priori* pas menacée du naufrage en direct que Marine Le Pen a connu en 2017, visiblement épuisée et perdue dans ses notes. Un duel Macron-Pécresse créerait un vrai suspense.

En attendant, la moindre gaffe pourrait être fatale. Une victoire du président sortant risquerait alors de sonner le glas des Républicains. Leur salut collectif est à ce prix. Les candidats à la candidature l'avaient d'ailleurs compris avant même que les primaires ne livrent leur verdict, en se gardant de trop remuer la boue lors de leurs quatre débats télévisés.

Lesquels, contrairement à ceux de 2017, ressemblaient fort à une discussion entre gens bien élevés dans un salon de thé. Une petite exception : l'estocade portée par Valérie Pécresse à Michel Barnier à propos de la notion floue de « moratoire » sur l'immigration, qu'il fut bien en peine de préciser. Furieux d'abord d'avoir été déstabilisé, il avait quitté le plateau sans saluer ses « chers amis ».

Signe supplémentaire de cette sagesse toute neuve, ô combien réfléchie et intéressée : le ralliement immédiat des vaincus. « Tous derrière Pécresse », tel est donc le slogan qui fait fureur. Les grands patrons des régions ne sont pas oubliés dans la distribution des titres au sein de la « *dream team* » : au Normand Hervé Morin, « la croissance et l'innovation » ; à l'Alsacien Jean Rottner « l'urgence écologique » – partagée avec le copain des ours des Pyrénées et des lynx des Vosges, Yann Wehrling, vice-président de la région Île-de-France. Le président du groupe au Sénat, Bruno Retailleau, se voit quant à lui confier la tâche de préparer les mesures à mettre en œuvre dans les « cent jours » suivant l'élection de la candidate. Un Premier ministre en puissance ? De Xavier Bertrand au fidèle Gérard Larcher, les candidats ne manquent pas.

Dans cet organigramme, toutes les sensibilités sont représentées car beaucoup n'ont pas voté pour elle à la primaire. Toutes les expériences sont néanmoins mises au service de la candidate, de Gérard Longuet à Jean-François Copé, de François-Xavier Bellamy à Nadine Morano, tandis que de plus jeunes cadres sont promus porte-parole, telle Christelle Morançais, qui préside le conseil régional des Pays-de-la-Loire. Il y a aussi les « orateurs » régionaux, telle la Bretonne Isabelle Le Callennec, qui a succédé à Pierre Méhaignerie. Une admirable machine de guerre ! Même le maire de La Baule, Franck Louvrier, ancien conseiller en communication de Nicolas Sarkozy courtisé par Emmanuel Macron, a émis le souhait de reprendre du service.

Un enthousiasme que ne partage guère son ancien patron, qui grince en privé. « Elle a rassemblé les plus nuls des chiraquiens et pour la plupart des traîtres que j'ai eu un mal fou à éliminer, à commencer par l'essentiel de cette équipe très filloniste », glisse l'ancien président de la République, qui s'est toujours méfié de cette chiraquienne dont il avait pourtant fait une ministre et à laquelle il a parfois su réserver quelques éloges très réfléchis. En particulier ce jour d'octobre 2019 où il lui remettait la Légion d'honneur et se fendait d'un discours sur mesure, comme seul Sarko sait en faire quand la haine ou l'esprit de revanche n'obscurcissent pas son esprit. Rappelant que Jacques Chirac lui avait remis cette décoration au moment même où il le virait de son gouvernement, soulignant ainsi la complexité de leurs rapports, l'ancien président déclarait : « D'abord, tous les deux, on aime la politique et j'aime ça chez elle, parce que la politique c'est sans doute l'engagement le plus difficile, qui mérite le plus de respect et qui est le plus vilipendé, et en général les spécialistes de la politique, c'est très simple, ce sont des gens qui ne se sont jamais présentés à une élection. [...] Et Valérie fait partie de ce petit nombre de personnes qui a rêvé de faire de la politique, qui s'est battu pour faire de la politique et qui a réussi à en faire. Et je ne l'ai jamais entendue critiquer, y compris dans les périodes où le torrent de démagogie est si facile, la politique et les élus, y compris dans ma propre famille. Valérie ne s'est jamais abaissée à dire de la politique le mal que tout un tas de ceux qui en vivaient en disaient quotidiennement. »

Hommage du vice à la vertu ? Alors que l'entourage de la candidate se plaint du tort que les relations ambivalentes de Nicolas Sarkozy avec Emmanuel Macron[1] causent à la droite, le compliment ne manquait pas de piment. En réalité, l'homme ne supporte pas que l'on puisse lui succéder. Toujours est-il que Valérie Pécresse, impassible, continue de solliciter les avis de l'ancien président dont elle va régulièrement « baiser la babouche », selon l'expression consacrée. Ulcérée après qu'il a chanté les louanges d'Éric Zemmour sur RTL, un samedi peu avant Noël, elle n'en laisse rien paraître et s'invite à déjeuner chez lui, rue de Miromesnil, dès le lundi suivant. « Quand on va le voir, on peut sortir le pop-corn. Il est difficile d'en placer une », ironise Othman Nasrou. « En novembre il était encore prêt à nous vendre à Macron », renchérit Agnès Evren, autre porte-parole et « bébé Pécresse » qui n'a pas la langue dans sa poche. « Il aurait dû être le premier à la soutenir », note l'un des proches de l'ancien président. Mais Sarkozy lit dans une éventuelle victoire de Pécresse sa propre mort politique. Et il est si difficile de renoncer !

Macron cherche la faille

Parfaitement conscients qu'un scénario Pécresse-Macron serait moins favorable à leur champion, qui table depuis des années sur un remake de son duel avec Marine Le Pen, les thuriféraires et autres porte-flingues du président de la République cherchent la parade. Elle n'est pas évidente, note

1. Lire à ce sujet le truculent essai d'Olivier Beaumont et Nathalie Schuck, *Chérie, j'ai rétréci la droite*, Robert Laffont, 2021.

Le Parisien[1], qui cite « un poids lourd du gouvernement » pour qui Pécresse est « la candidate la plus compliquée ». Et d'ajouter : « On n'a pas encore trouvé le bon angle d'attaque. » Dans la nuit du 3 au 4 janvier, le parti présidentiel se retrouve en minorité à l'Assemblée, dans l'incapacité de faire examiner son projet de loi instituant le passe vaccinal en lieu et place du passe sanitaire. C'est le fameux « coup du rideau » qui permet à l'opposition, ou du moins à une partie des LR, joignant leur vote à ceux de LFI, de mettre provisoirement en minorité une majorité clairsemée ce soir-là sur les bancs de l'Assemblée.

Furieux, Gabriel Attal dénonce alors l'attitude de LR, critiquant soit la « duplicité », soit le « déficit absolu d'autorité de Valérie Pécresse » sur ses troupes. « Pour masquer ses divisions, LR joue la diversion », attaque-t-il. Il s'agit de montrer du doigt les lignes de faille au sein de LR, dont certains des députés tirent à boulets rouges sur le passe vaccinal, alors que le parti, Valérie Pécresse l'a redit le 4 janvier, d'accord en cela avec Éric Ciotti, approuve le passe vaccinal. Au QG de la candidate, où l'on a compris que Macron cherchait à obtenir un quitus de la crise sanitaire, on n'élude pas la question. « Ce sont les députés LR qui nous ont mis dedans par leur immaturité totale, m'explique un proche de la candidate. Il y a eu un recadrage au conseil stratégique, notamment d'Aurélien Pradié. Avec fermeté et pédagogie, Valérie, soutenue par les ténors, les a incités à jouer collectif en leur demandant de prendre exemple sur leurs aînés. Lesquels, candidats à la primaire et souvent battus de très peu, la soutiennent sans réserves. »

1. Édition du 5 janvier 2022.

Sur le fond, l'intention du camp macronien est évidente : laminer sans relâche Les Républicains, écartelés entre une aile droite tentée par le populisme conservateur et une aile modérée que peu de choses, au fond, distinguent de LREM. Une stratégie qui a bien fonctionné tout au long du quinquennat, avec les prises de guerre que furent Édouard Philippe, Bruno Le Maire, Gérald Darmanin ou Thierry Solère. De son côté, pour occuper le terrain, Valérie Pécresse a réclamé en vain le report d'une semaine de la rentrée des classes en janvier. Histoire de montrer aux parents d'élèves qu'elle se soucie d'eux et de semer le doute quant au bien-fondé de la gestion sanitaire du gouvernement. En avril 2021, elle avait obtenu l'avance d'une semaine des vacances de Pâques.

Mais le 4 janvier, Macron met la barre plus haut en tenant, dans un entretien au *Parisien*, des propos virils sur son envie d'« emmerder » les non-vaccinés « jusqu'au bout ». Le chef de l'État contredit son *mea culpa* du mois précédent, quand il semblait regretter sur LCI ses petites phrases provocatrices. Toujours la même volonté de diviser l'adversaire, de cliver plutôt que de fédérer. Un pari qui peut rapporter gros, à l'heure où la majorité des admis en réanimation dans les hôpitaux sont des personnes non vaccinées, ce qui a le don d'exaspérer le personnel soignant – y compris cette fraction des infirmières et des aides-soignantes qui a dû se résoudre à la vaccination. La crise sanitaire, chacun l'a compris, va servir de terrain de manœuvre durant la campagne présidentielle. Valérie Pécresse aura toujours beau jeu de rappeler qu'elle s'est mobilisée pour acheter des masques pour sa région d'Île-de-France, au moment même où le gouvernement prétendait qu'ils ne servaient à rien. Pour l'heure, elle convoque le 8 janvier à son QG une conférence de presse avec le président du Sénat, Gérard Larcher, et celui du groupe LR à la Haute Assemblée, Bruno Retailleau, afin de tacler ce président de la République qui instrumentalise la crise. Mauvais timing, un samedi matin où la pression médiatique se relâche. Le propos solennel, qui se voulait présidentiel, passe inaperçu. D'autant que la candidate a laissé le président du Sénat parler le premier.

Quelques jours auparavant a eu lieu une passe d'armes au sujet du drapeau européen, seul à flotter sous l'Arc de triomphe pour marquer les débuts de la présidence française de l'Union européenne. Valérie Pécresse a réagi en soulignant qu'elle aurait choisi de faire flotter les deux drapeaux, le tricolore et l'européen. Une position, insiste-t-elle, qui montre bien l'originalité de LR face à Zemmour et Le Pen, partisans du seul drapeau national, et face à Macron, incorrigible fédéraliste européen. *Le Canard enchaîné*[1] daube sur la réaction tardive de la candidate, quelques heures après ses concurrents d'extrême droite, le 31 décembre. Et sur le silence des autres ténors de LR, voire sur les hésitations de l'ancien commissaire européen Michel Barnier, qui a laissé passer le réveillon avant de diffuser un tweet assorti d'une photo des deux drapeaux, avec ces mots : « patriotes et européens ». Là encore, on sent poindre une volonté de monter en épingle une possible division au sein de LR. En l'occurrence, entre les taiseux (Gérard Larcher, Xavier Bertrand, Damien Abad), qui se sont abstenus de prendre part à la polémique, et les prolixes (Éric Ciotti, Bruno Retailleau, Nadine Morano et Valérie Boyer), tous classés à la droite du parti et qui ont applaudi aux propos de Valérie Pécresse.

Chez les macroniens, on nie farouchement que le président ait commis coup sur coup deux bévues, avec le drapeau

1. « La guerre du drapeau », 5 janvier 2022.

européen et aux dépens des non vaccinés. Bien au contraire, susurre-t-on à l'Élysée, il est urgent de souligner les clivages qui séparent le bon grain progressiste de l'ivraie réactionnaire. Mais un sondage Odoxa-Backbone Consulting pour *Le Figaro* souligne que si six Français sur dix sont d'accord sur le fond avec le président, ils sont en désaccord avec la forme, sur le thème « un président ne devrait pas dire ça[1] ». Un coup de com fièrement revendiqué, que ne manque pas de fustiger le *New York Times* en évoquant l'arrogance du chef de l'État français. Lequel finit par se brûler les ailes à force de jouer avec le feu. « Je t'emmerde », a écrit sur la paume de sa main une manifestante qui se présente à lui. Quant à Édouard Philippe, il reprend le gimmick dans une interview aux *Échos*, après que le président a empêché le groupuscule Agir de Franck Riester de rejoindre son parti, Horizons. « Je n'ai pas envie qu'on m'emmerde, puisque c'est un terme à la mode[2] », déclare l'ancien Premier ministre.

Si Valérie Pécresse l'emporte, les deux grands perdants seront Édouard Philippe[3] et Laurent Wauquiez auquel elle a rendu visite au Puy-en-Velay sous la neige. La candidate a désormais repris ses idées pour lesquelles elle avait quitté Les Républicains en fondant Libres. Et, après avoir dit qu'il était un très mauvais président de région, Valérie Pécresse chante les louanges de sa bonne gestion.

1. Allusion au livre de Gérard Davet et Fabrice Lhomme, *Un président ne devrait pas dire ça...* (Stock, 2016), recueil des confidences du président Hollande.
2. *L'Opinion*, 17 janvier 2022.
3. Édouard Philippe avait envisagé de se lancer dans la course présidentielle avant que Valérie Pécresse sorte victorieuse de la primaire. À l'époque, la droite était en lambeaux. Il aurait pu faire un « appel des quarante-trois », à la Chirac, mais il a refusé l'obstacle.

17

Glissements progressifs du déclin

Valérie Pécresse a une ambition qui peut paraître démesurée, voire folle : une fois élue, elle réussira là où tous ses prédécesseurs masculins ont échoué depuis le premier choc pétrolier dans les années 1970, à savoir enrayer la dégringolade économique sans fin du pays. Pour accéder à l'Élysée, elle entend convaincre d'abord les électeurs qu'elle est en mesure de le faire sans provoquer blocages, conflits sociaux et interminables épreuves de force politiques dont l'histoire récente de notre pays est émaillée. Et, s'il n'est pas possible de les éviter, elle prétend les surmonter sans trop de casse, en tout cas pas dans cette atmosphère haineuse qui a marqué le mouvement des Gilets jaunes. Mais à quoi exactement va-t-elle devoir s'atteler ?

L'industrie française a été laminée : deux millions d'emplois perdus en près de quatre décennies, bouleversant le tissu social du pays jusque dans ses tréfonds. Elle ne représente plus que la source de 13 % du produit intérieur brut (PIB) français, l'une des parts les plus faibles en Europe[1]. Ce chiffre était encore de 18 % en 2008. L'agriculture, où excelle traditionnellement la France, a vu aussi ses positions

1. En Allemagne, cette part s'est maintenue au-dessus de 24 %.

entamées par des concurrents plus dynamiques. Au point de voir les exportations agroalimentaires françaises dépassées par celles des Pays-Bas et de l'Allemagne. Cette dernière, dont la vocation agricole n'était pas évidente au lancement du Marché commun en 1958, vend aujourd'hui plus de fromages que la France[1] ! Hors Union européenne, les progrès en matière agricole de la Russie, notamment, en font un redoutable concurrent pour les céréales, et nos débouchés traditionnels (Maghreb, Égypte) nous échappent.

Les gains de productivité, la dérégulation favorisée par le marché unique européen dans les années 1980, puis l'élargissement de l'Union européenne à des pays est-européens à faible coût de main-d'œuvre dans les années 1990, le surgissement de la Chine comme atelier du monde, tout cela s'est traduit en France par des sinistres industriels en série. Les économistes divergent aujourd'hui sur le point de savoir si l'avènement de l'euro, le 1er janvier 2002, a été une chance pour la France, ou s'il l'a pénalisée car elle n'avait pas pris la mesure du choc compétitif qui attendait son appareil industriel. Fallait-il être sorti de l'Ena pour comprendre que le panier de monnaies constituant l'euro signifiait une réévaluation monétaire pour la France et l'Italie et une dévaluation pour l'Allemagne ? Et que les fabricants français allaient pâtir, dans le contexte de libéralisation généralisée des échanges, de produire trop souvent des biens d'une qualité espagnole à des prix allemands, selon une formule consacrée ? Ce que les experts, dans leur jargon, appellent un mauvais positionnement de gamme.

La monnaie commune européenne n'est pour rien dans la spécialisation de l'industrie française, trop concentrée

1. Certes, en privilégiant la quantité et le prix bas, au détriment de la qualité.

sur les transports (ferroviaire, automobile, aéronautique, naval) et pas assez sur un large éventail de produits à haute valeur ajoutée (machines-outils), contrairement au *Mittelstand* allemand, extraordinaire tissu d'entreprises dont s'enorgueillissent nos voisins d'Outre-Rhin. L'euro aurait dû en principe faciliter l'accès des entreprises françaises aux marchés européens. Or, on ne peut que déplorer la timidité de nos petites et moyennes entreprises (PME) et de nos entreprises de taille intermédiaire (ETI), trois fois moins nombreuses que leurs homologues allemandes à exporter, et deux fois moins nombreuses que les italiennes.

Y a-t-il une responsabilité des banques françaises, peu disposées à courir des risques pour accompagner les entreprises ? Toujours est-il que cela s'est traduit par un recul saisissant de la part de marché de la France pour la vente de biens dans l'Union européenne, passée de 12 % en 2000 à 9 % en 2018. Notre pays a été rétrogradé à la troisième place, derrière les Pays-Bas, qui eux ont accru leur part, de même que l'Allemagne, la Belgique ou l'Espagne. L'Italie a vu la sienne reculer aussi, mais moins que la France. Durant cette période, les exportations de produits manufacturés en France vers les pays de l'Union n'ont augmenté que d'un quart (26 %), alors que le marché doublait ! Or, le marché européen représente près de 60 % du total des exportations françaises. Notre pays se montre plus timide que la plupart de ses voisins dans la conquête des marchés extérieurs plus lointains, y compris en Europe centrale et orientale, puisque les pays frontaliers (Allemagne, Espagne, Italie, Belgique et Royaume-Uni) représentent 70 % de ses exportations intra-Union, selon une étude du Trésor[1].

1. Publiée le 19 décembre 2019.

Ces faits démontrent que le coût comparativement supérieur des salariés français après les réformes Hartz du marché du travail en Allemagne, dans les années 2002-2005, n'explique pas à lui seul les piètres performances de nos entrepreneurs. Les dernières décennies, les fermetures d'usine quasi quotidiennes ont défrayé la chronique dans nombre de régions, au prix d'incidents parfois violents (Continental, Goodyear, Whirlpool, Arcelor), en raison des réactions désespérées des ouvriers qui perdent leur outil de travail, dans une conjoncture où les chances de retrouver un emploi paraissent réduites. Et ce, dans certains cas, en dépit d'efforts de modération salariale consentis par les syndicats, voire de subventions des pouvoirs publics, dans l'espoir d'éviter une telle issue. Toutes ces années, l'alternative aux yeux des employeurs semblait être de mettre la clé sous la porte ou de déménager vers l'est de l'Europe, l'Asie ou le Maghreb. Dans les deux cas, cela signifiait une destruction des emplois sur le sol français. Ces fermetures condamnaient souvent des zones entières à la régression économique, à la dévitalisation de leurs localités, à la dépopulation et, en fin de compte, à la disparition des commerces, des services publics et des écoles.

En dehors de toute considération politique ou morale, la plupart des experts soulignent qu'au niveau national, la liquidation de pans entiers de l'industrie, ou la baisse notable des effectifs, comme dans l'automobile, s'est accompagnée d'une chute importante de la création de richesses. La France n'a cessé de reculer dans la plupart des classements internationaux en termes de PIB par habitant. Les bonnes performances des exportations françaises de services dans des secteurs à haute valeur ajoutée (recherche et développement, services aux entreprises, services financiers) ne compensent pas, loin de là, la terrible perte de substance industrielle. Un des recours habituels de nos gouvernants a été de nier une réalité dérangeante. Ou de mettre tout sur le dos des « Gaulois réfractaires », qui refusent la moindre réforme, ou du coût excessif de la main-d'œuvre, des prélèvements sociaux ou de la pression fiscale. Toutes choses pas nécessairement fausses, mais qui ne sont qu'un reflet incomplet d'une réalité qui n'est pas forcément à l'avantage du patronat.

Le paradoxe est que le Royaume-Uni, berceau de la révolution industrielle, était montré du doigt en France dans les années 1980 pour tout miser sur les services, notamment financiers, au détriment des usines. Cette critique du thatchérisme était en partie justifiée. Comment est-il concevable, alors, que les dirigeants français aient fait la même « erreur » avec le slogan du « *fabless* » (sans usines) lancé par des dirigeants comme Serge Tchuruk à la tête d'Alcatel, dont les erreurs stratégiques ont contribué à la liquidation de la filière électronique française ? Au point qu'aujourd'hui la base industrielle britannique (14 % du PIB) soit plus importante que la française, bien que le Royaume-Uni ait gardé – avant comme après le Brexit – une évidente primauté en matière de services avec la City de Londres. « Pour réindustrialiser notre pays, il faut transformer le parcours du combattant pour s'implanter en déroulant le tapis rouge. La simplification que porte Valérie Pécresse s'adresse à toutes les entreprises, pas seulement les grands groupes[1] », note Xavier Bertrand.

La désindustrialisation – et son corollaire, une balance commerciale lourdement déficitaire : 80 milliards d'euros en 2020, près de 90 milliards attendus en 2021 – n'est pas le seul problème qui se pose. L'endettement massif de l'État

1. « ExtraLocal », Territoires TV, 21 janvier 2012.

n'a cessé de grossir. De moins de 25 % à la fin du septennat de Valéry Giscard d'Estaing en 1981, il avait grimpé à 56 % lorsque Jacques Chirac a succédé à François Mitterrand en 1995. Quand Nicolas Sarkozy a pris le relais en 2007, il avait déjà dépassé depuis deux ans le plafond des 60 %, l'un des critères de Maastricht que la France était censée respecter. La crise financière de 2008 aidant, le seuil des 80 % a été franchi et on en était à 96 % quand Macron est entré à l'Élysée en 2017. Sous son mandat, les 100 % ont été allègrement dépassés à cause des mesures d'urgence – le « quoi qu'il en coûte » – pour contrer la pandémie de Covid, et nous voilà désormais à 116 %. « On a mille milliards de dettes de plus que sous Sarko et 27 % de la dette est détenue par la BCE, me dit Valérie Pécresse. C'est une situation moins délicate qu'en 2011, mais qui ne peut durer indéfiniment[1]. » Par ailleurs la formation, à l'intérieur et hors du cadre de l'Éducation nationale, est devenue une grande cause nationale dans un pays souffrant d'une pénurie de compétences dans plusieurs secteurs cruciaux pour son avenir, alors que plus de cent mille jeunes décrochent chaque année du système scolaire scolaire. Ainsi, près de 20 % des jeunes de 18-24 ans se retrouvent sans formation ni diplôme, tandis que les niveaux de français et de maths baissent régulièrement et que l'illettrisme regagne du terrain.

La changement dans la continuité

Chassée de l'Élysée il y a dix ans, la droite a eu largement le temps de réfléchir à ce qu'elle ferait une fois revenue au

1. Entretien avec l'auteur, 23 décembre 2021.

pouvoir pour que le pays remonte la pente. Premier ministre fraîchement émoulu, François Fillon avait fait le constat, le 21 septembre 2007, qu'il était « à la tête d'un État qui est en situation de faillite », car depuis quinze ans en « déficit chronique », et « qui n'a jamais voté un budget en équilibre depuis vingt-cinq ans ». La crise financière de 2008, puis celle de l'euro en 2011, ont contraint le gouvernement à passer à l'acte. « En 2013, on avait perdu notre "triple A", confie Valérie Pécresse. On a été obligé de baisser drastiquement les dépenses de l'État. Mais Jean-Claude Trichet refusait d'acheter les dettes de l'État, donc on était complètement étranglés[1]. »

François Fillon présentera lors de sa campagne de 2017 un programme économique de redressement des finances, affirmant pouvoir économiser 110 milliards d'euros, en supprimant notamment plus de cinq cent mille emplois de fonctionnaires, moyennant un retour aux 39 heures dans les administrations. En pleine préparation des primaires qui allaient le désigner candidat de la droite et du centre, il estime, rétrospectivement, que « le projet politique de 2007 n'était pas un projet de rupture. Nous n'avions pas fait un constat suffisamment radical de la situation, même si les engagements furent tenus[2] » – ni celui de revoir le Code du travail, ni celui de supprimer les 35 heures ne figuraient au programme comme ils l'auraient dû, à son avis.

À la même époque, dans un livre intitulé *Faire*[3] – un mot décidément devenu à la mode à droite, que ne renierait pas la dame du « faire » Valérie Pécresse –, il développe « une analyse implacable de la situation » et évoque un « projet

1. Entretien avec l'auteur, 23 décembre 2021.
2. Entretien avec l'auteur, 17 septembre 2015.
3. Albin Michel, 2015.

pour replacer la France en tête ». « Être comparé à Thatcher ou Schroeder n'est pas une insulte pour moi », écrit-il. Là encore, toute ressemblance avec certaines des références de l'actuelle candidate LR à la présidence de la République n'est pas que pure coïncidence et s'inscrit dans une continuité. Pour remédier à la situation jugée préoccupante du pays, il se fixe alors un calendrier : « Dix réformes à faire dans les cent jours » : autre similitude de méthode avec la mission confiée par Valérie Pécresse à Bruno Retailleau, chargé de préparer les mesures à prendre dans les cent jours suivant son accession à la présidence.

Les idées en vogue chez LR ne sont pas le fruit d'une génération spontanée. Bruno Retailleau faisait partie du noyau dur qui s'est livré, lors de deux réunions fin août 2014 et 2015, à un remue-méninges autour de François Fillon dans un pavillon de chasse d'Henri de Castries, voisin sarthois. L'ancien PDG d'Axa est depuis 2015 président de l'Institut Montaigne, un *think tank* libéral. Avaient pris part à ces échanges trois personnages que l'on retrouve dans l'équipe de campagne de Valérie Pécresse : Patrick Stefanini, directeur de campagne en 2022 comme en 2017, Igor Mitrofanoff, plume des deux candidats, et Bruno Retailleau. Il faut leur ajouter trois membres de la garde rapprochée de Fillon, du temps où il était à Matignon : son conseiller Jean de Boishue[1], son ancien directeur de cabinet Jean-Paul Faugère et l'adjoint de celui-ci, Antoine Gosset-Grainville. Enfin, Nicolas Baverez, membre du comité directeur de l'Institut Montaigne, spécialiste de Raymond Aron, normalien et éditorialiste au *Figaro*, connu pour ses diagnostics

1. Ancien proche de Philippe Séguin et auteur d'un livre savoureux, *Antisecrets* (Plon, 2015), sur la tension permanente entre Sarkozy et Fillon durant leur cohabitation.

sans complaisance des maux français depuis son ouvrage *La France qui tombe*[1]. Sans oublier un électron libre, l'écrivain-avocat François Sureau, comme utile contradicteur. De tendance chrétienne-démocrate, l'homme avait la particularité, « déjà à l'époque, de s'être lié d'amitié avec un jeune ministre de l'Économie[2] », un certain Emmanuel Macron. « Il y avait, dès cet instant, cette idée commune à Fillon et à Macron, avant que le quinquennat de ce dernier ne dérive vers le juppéisme, que l'on ne pouvait pas continuer comme ça », confie Sureau.

De ces séminaires, qui ne portent pas seulement sur les aspects économiques, ressort la conception d'une potion magique. Selon le directeur adjoint de la rédaction de *Valeurs actuelles*, Tugdual Denis, en voici la « recette politique, mêlant rigueur et modération, autorité et tradition : un tiers de socle libéral sur les impôts et la compétitivité, autour de la conviction qu'il faut d'abord produire avant de redistribuer ; un tiers de gaullisme ou de bonapartisme sur la restauration de l'autorité de l'État ; et un dernier tiers conservateur, mâtiné par le parcours personnel de François Fillon, son enracinement[3] ». Aujourd'hui, remplacez Fillon par Pécresse et constatez : la recette tient toujours, même si l'accent est moins mis sur l'enracinement que sur la compétence.

Demandez le programme !

La candidate ne nie pas qu'elle s'inscrit dans une certaine continuité programmatique, même si la conjoncture a

1. Perrin, 2003.
2. Tugdual Denis, *La Vérité sur le mystère Fillon*, Plon, 2020.
3. *Ibid.*

notablement changé, du fait de la pandémie et de ses conséquences. « J'ai une furieuse envie de faire les réformes qui, depuis dix ans, ont été repoussées », confie-t-elle. Citant le *Faire* de Fillon, elle reconnaît sans ambages avoir « relu tous les programmes de 2017 pour regarder leur actualité aujourd'hui ». S'il y a « beaucoup de choses à reprendre », elle estime toutefois que « la société post-Covid n'est plus la même. Par exemple, sur la suppression des 35 heures, la généralisation du télétravail change la donne. Il faut repenser le travail totalement[1] ». D'autant que beaucoup de Français ne veulent plus travailler ou plus de la même manière. Effets pervers du Covid.

Frédéric Lemoine, chargé du programme présidentiel de Valérie Pécresse, estime qu'« il est exagéré de dire qu'il est très inspiré par le programme de Fillon 2017. Mais inspiré, oui. Il y a quatre réformes du programme de 2017 qui n'ont pas été faites : les retraites, la dégressivité des allocations-chômage, la décentralisation, où rien n'a été fait depuis [...], et la débureaucratisation, où aucun mouvement n'a été lancé pour supprimer les normes ou pour arrêter de surtransposer les directives européennes[2] ».

La campagne de Fillon a connu le sort funeste que l'on sait. Mais, si l'on fait abstraction de l'impact du coronavirus, cinq ans plus tard, les constats quant à l'inadaptation structurelle de l'économie française à la nouvelle donne mondiale n'ont pas changé. Si ce n'est que le « quoi qu'il en coûte » macronien se traduit par un surcroît d'endettement astronomique et que l'inflation fait son retour, en raison de la forte hausse des prix des matières premières et de l'énergie

1. Interview au *Point*, 19 août 2021.
2. Entretien avec l'auteur, 7 décembre 2021.

liée à la pandémie. Or les macronistes ne semblent pas avoir de plan de sortie du « quoi qu'il en coûte », lequel ne peut évidemment durer.

En cas de victoire, la candidate de LR va se retrouver face à une situation comptable plus grave encore qu'en 2007 et 2017. Seul point relativement positif : le chômage. Revenu à un niveau entre 7 et 8 %, il est voué dans les années à venir à baisser au diapason d'une démographie désormais peu dynamique, les nouvelles classes d'âge étant moins nombreuses, tandis que les générations du boom d'après-guerre partent à la retraite. Sans parler de ceux qui échappent aux statistiques. Mais la candidate des Républicains n'en est pas moins prudente, estimant que de nombreux contrats aidés prendront fin après l'élection. Macron a réussi selon elle ce dont rêvait Hollande : il a mis un million de chômeurs en « formation ».

Pour y faire face, Valérie Pécresse n'entend pas faire avaler de force des remèdes de cheval au corps social français, tout simplement parce que ce serait impraticable. Alors qu'elle accuse Emmanuel Macron de « cramer la caisse », une formule dont la paternité revient à Laurent Wauquiez, tout en reconnaissant la nécessité de dépenser plus dans les secteurs vitaux que sont l'éducation et la santé, comment va-t-elle procéder ? Bruno Retailleau dément qu'elle ait en tête un programme d'« austérité » visant à corriger les effets des folles dépenses d'Emmanuel Macron. Le mot d'ordre, selon lui, est « efficacité[1] ». L'objectif, énonce le programme en vingt-quatre pages publié sur le site de la candidate, est de ramener la dette « dans des proportions plus supportables, vers 100 % du PIB sur dix ans ». Il faut dégager des marges

1. *Le Journal du dimanche*, 9 janvier 2022.

à cet effet. Autrement dit, tailler dans certaines dépenses publiques pour des missions non prioritaires, afin d'en réallouer les fonds à d'autres, jugées plus urgentes, tout en réduisant le fardeau de la dette.

Valérie Pécresse estimait que cinq cent mille fonctionnaires de moins, comme le proposait Fillon en 2017, était irréaliste. Elle n'a pas changé d'opinion en 2022 et table plutôt sur une réduction de deux cent mille postes, surtout dans les tâches administratives, soit 10 % de l'« administration administrante ». Mesure qui serait pour partie compensée par la création de cinquante mille emplois dans les trois « missions prioritaires » sur lesquelles l'État doit se recentrer : « protéger, éduquer et soigner ». Cela concerne la justice, la police et les prisons, ainsi que l'Éducation nationale et les hôpitaux. La situation dans ces derniers établissements ayant été mise en lumière par la pandémie de Covid, quelque vingt-cinq mille soignants supplémentaires, c'est-à-dire la moitié du total, seraient à recruter sur cinq ans. Soit, au bout du compte, une diminution nette de cent cinquante mille emplois, un total proche de celui réalisé sous le mandat de Nicolas Sarkozy (plus de cent vingt mille emplois supprimés), mais cette fois avec plus de discernement que l'application mécanique d'un non-remplacement d'un poste sur deux par application de la Révision générale des politiques publiques (RGPP).

Une proposition phare

Proposition phare de son programme, qui concerne les classes populaires et moyennes, la candidate LR s'engage à augmenter de 10 % tous les salaires, Smic compris, jusqu'à

2,2 Smic – soit 3 000 euros –, au moyen d'une baisse des charges salariales, en l'espèce les cotisations retraites, qui pèsent sur les entreprises. D'un coût pharamineux de 25 milliards d'euros pour l'État, cette mesure aurait l'intérêt de gonfler la rémunération nette d'une majorité de Français – le salaire médian s'élevant à 1 940 euros mensuels.

En réalité, la hausse des plus bas salaires suit une tendance observée ailleurs en Europe, tendance que le retour annoncé de l'inflation, la rareté de la main-d'œuvre qualifiée dans nombre de secteurs et la flambée des prix de l'énergie risquent de toute façon d'enclencher. Ainsi les conservateurs britanniques ont-ils poussé depuis des années à la hausse du salaire horaire minimal, sans que cela ait pour l'instant obéré les moyens des entreprises outre-Manche. En Allemagne, depuis des décennies, le salaire net des ouvriers et des employés est supérieur à celui des Français de mêmes catégories (alors même que l'alimentation et le logement, deux postes clés, sont en moyenne moins chers outre-Rhin), engendrant un cercle vertueux pouvoir d'achat-consommation-production.

Mais les entreprises auraient dû financer le tiers de cette générosité d'État, soit un coût presque équivalent à l'allègement des impôts de production décidé par Macron et Le Maire. Devant les cris d'orfraie du patronat, la candidate a revu ses ambitions à la baisse afin de ne pas augmenter le coût du travail pour les entreprises. Les cotisations vieillesse baisseraient de 24 points si elle était élue. Soit une hausse de 3 % du salaire net dans un premier temps. Sur un thème aussi délicat, celui des retraites, elle promet également de lancer dès le printemps 2022 une réforme « simple et juste », qui passe notamment par un report progressif de l'âge légal de départ à la retraite de soixante-deux ans, comme aujourd'hui, à soixante-cinq ans en 2030. En contrepartie, elle veut garantir un minimum contributif égal au Smic net en 2030 pour ceux qui auront cotisé toute leur vie.

Plus de travail, plus d'argent

L'ancienne ministre du Budget entend également tenter de « mettre fin aux 35 heures », afin de leur substituer des accords de branche ou d'entreprise. En cas de blocage, le cas échéant, elle se dit favorable au « référendum d'entreprise ».

Dans le droit-fil gaulliste social, Valérie Pécresse veut également que « la participation devienne vraiment la règle dans les entreprises[1] », de sorte, explique-t-elle, que les dividendes soient versés aux salariés au même titre qu'aux actionnaires. L'une des clés pour relancer la croissance consiste en effet à augmenter concomitamment la durée de travail et les salaires, sans faire chuter la productivité. Pour que cela fonctionne, à en croire certaines études sur les lacunes de bien des entreprises françaises, il faudra cependant qu'elles soient plus innovantes et plus réactives aux exigences des consommateurs. Deux points sur lesquels elles sont moins performantes que les entreprises allemandes, entre autres.

En effet, la durée du travail ne fait pas tout. Le temps de travail annuel moyen est inférieur en Suède et en Allemagne à celui de la France. Dans ces deux pays, qui ont connu de sérieux passages à vide respectivement dans les années 1970 et 1990, le PIB par habitant est pourtant

1. Déclarations aux « Matins présidentiels » de France Info, le 10 janvier 2022.

nettement supérieur à celui des Français aujourd'hui. La raison en est que le taux d'emploi de leur population est supérieur au nôtre[1]. Tout en multipliant les petits boulots, ils ont su développer des secteurs à forte valeur ajoutée, suivant en cela l'exemple des États-Unis qui ont réalisé cette performance dans les années 1990, distançant derechef les Européens dont le niveau de vie s'était rapproché du leur vingt ans plus tôt. Cela tendrait à montrer à quel point la responsabilité du marasme français est partagée entre les différents acteurs – syndicats, patronat, gouvernement – qui se renvoient la balle depuis des années.

Valérie Pécresse, qui souhaite organiser rapidement une « grande conférence salariale » avec les partenaires sociaux, afin de mettre en musique son programme dans la concertation, a du pain sur la planche. Une note d'optimisme cependant, apportée par Alain Minc, qui dispense ses conseils d'influenceur et vient de rallier sa candidature après avoir soutenu Emmanuel Macron : « Arrêtons de parler du déclin de la France. C'est un canton de l'Europe. S'il n'y avait pas l'euro, elle serait morte. Avec le franc, on n'aurait pas pu faire le "quoi qu'il en coûte". Merkel a été européenne et proallemande. "Macron voulait et Merkel pouvait", dit un de mes amis. C'est une bonne formule. La Chancelière a eu peur, à cause de la situation italienne, que le marché unique s'effondre. On a quand même des secteurs royaux. Les Allemands n'ont ni banque ni industrie de services. Un pays ne se juge pas qu'à son industrie. Notre problème, c'est que depuis cinquante ans on paie les dépenses de fonctionnement à crédit. » Mais pourquoi est-on la principale

1. En 2018, le taux d'emploi des 20-64 ans était de 82,1 % en Suède, 79,9 % en Allemagne et 71,8 % en France, pour une moyenne de 73,1 % dans l'Union européenne (source Eurostat).

destination en matière d'investissements internationaux ? À cause de nos infrastructures, notamment. « Macron a réussi en macroéconomie. Il a fait de la France un pays capitaliste normal et accueillant dont les investisseurs n'ont plus peur. Au départ, on ne prenait pas au sérieux sa "*start-up nation*". Il y aurait aujourd'hui autant de start-ups par habitant en France qu'en Israël. Emmanuel Macron, comme naguère Nicolas Sarkozy, a fait sauter tous les tabous. Ils ont fait sauter tous les tabous. Si, en 1930, les gouvernements avaient fait pareil, on n'aurait pas eu Hitler[1] », poursuit Alain Minc.

Un tel panégyrique de l'actuel président de la République, qui rejoint celui du prix Nobel d'économie Paul Krugman dans le *New York Times*, autorise à s'interroger sur le sens de son soutien à Valérie Pécresse. Il l'a expliqué dans une interview[2]. L'homme qui murmure à l'oreille des patrons – qui pour l'instant n'ont pas rallié Pécresse – et des journalistes ne croit pas qu'Emmanuel Macron puisse disposer d'une majorité en cas de réélection. Et il s'agace que Macron ne le prenne plus au téléphone depuis des mois. Sauf quand il a lu son interview dans *Le Point*. Minc avait déjà joué les intermédiaires pour que Valérie Pécresse accepte d'entrer à Matignon. Mais Macron n'en voulait pas. Visiblement, il entend garder toutes les options ouvertes.

1. Entretien avec l'auteur, 12 janvier 2022.
2. « Pourquoi je voterai Pécresse », *Le Point*, 12 janvier 2021.

18

Ni Thatcher ni Merkel : Pécresse !

« Je suis plutôt deux tiers Merkel, un tiers Thatcher » : voilà le cocktail détonnant auquel, lassée sans doute qu'on la sous-estime, Valérie Pécresse se compare à l'été 2021[1], dans un entretien public au lendemain d'un séjour en Bretagne où elle a déjeuné dans une crêperie avec Gérard Larcher, surnommé « Gégé » par les habitants de l'île de Batz, au large de Roscoff. Personnage tout en rondeur et habile tacticien, dont le soutien ne lui a jamais manqué.

C'est entendu, Pécresse n'est ni Thatcher ni Merkel, et la France n'est ni le Royaume-Uni ni l'Allemagne. L'intéressée en est bien consciente, rappelant dans la foulée que le grand historien Fernand Braudel a « théorisé l'identité française : une nation une et indivisible, soudée par sa langue, un État fort, mais aussi une absence totale d'intérêt pour l'économie ». Pour elle, ulcérée du perpétuel procès en faiblesse, voire en névrose, fait aux femmes politiques, se poser en femme puissante a du sens. Une affaire de stature, une question d'image. Elle combat ce que la dérangeante cohabitation de sa compétence

1. *Le Point*, 19 août 2021.

technocratique et de son minois lui attire depuis toujours : de vulgaires préjugés sexistes.

Alors qu'elle vient d'annoncer, le 22 juillet, son ambition de devenir le porte-étendard de la droite française, quelle meilleure manière de faire taire la horde de politiciens machos que leur rappeler que, chez les deux grands voisins, une femme a su dompter les messieurs et rester longtemps aux commandes ? Des références incontestables ! L'une, Premier ministre de Sa Majesté – et première femme à occuper ce poste – de 1979 à 1990, a contribué à la fin de la Guerre froide remportée sans conflit armé par l'Occident, et surtout a impulsé le grand tournant libéral des années 1980, dans l'espoir d'enrayer le déclin britannique[1]. L'autre, originaire d'Allemagne de l'Est et première chancelière de l'histoire, a surgi de l'ombre pour incarner durant seize ans – de 2005 à 2021 – la force tranquille d'une Allemagne réunifiée, réconciliée avec elle-même et le reste du monde. Reléguant au passage une France affaiblie au rang de second couteau de l'Union européenne. Il n'est pas anodin, pour Valérie Pécresse, que ces deux références aient été chacune à la tête du grand parti de droite de leurs pays respectifs.

Des références, pas des modèles

Les circonstances sont certes différentes d'un pays à l'autre. « Maggie », résolument antisocialiste (« le problème avec le socialisme, c'est que, tôt ou tard, vous êtes à court de l'argent des autres », avait-elle coutume de dire) et

1. En 1976, Londres avait dû demander l'aide financière du FMI sous forme d'un prêt de quatre milliards de livres !

hostile par principe à l'assistanat, s'est acharnée à détricoter les services publics, privatiser, baisser les impôts, démanteler des protections sociales héritées des années d'avant-guerre. Elle y voyait un frein mortifère au dynamisme économique dont le gouvernement travailliste de James Callaghan finit par payer le prix. Le prix à payer : un affrontement historique d'un an, en 1984-1985, avec les mineurs des houillères condamnées à la fermeture et leurs *trade unions* (trois morts et des milliers de blessés). Dans sa confrontation sanglante avec les nationalistes irlandais de l'Ira, Thatcher a aussi laissé le souvenir d'une femme inflexible, sinon impitoyable. La « dame de fer » fit également forte impression lors de sa bataille victorieuse pour obtenir une ristourne budgétaire de l'Union européenne (« *I want my money back* »). Lors des sommets européens, son incroyable aplomb, la manière dont cette fille fille d'épicier incarnait une forme de morgue insulaire, laissa mi-pantois mi-admiratifs ses principaux interlocuteurs continentaux, notamment François Mitterrand et Jacques Chirac. N'oublions pas non plus la guerre des Malouines avec l'Argentine, à l'issue de laquelle elle proclama en juin 1982 : « *Britain is great again.* » En résumé, sur tous les fronts, Maggie fut l'ennemie du compromis, un peu comme Vladimir Poutine aujourd'hui, sans doute parce que leurs pays respectifs luttaient pour leur survie.

Bien loin de ces conflits, Angela Merkel, tout au long de ses mandats, a bénéficié des quatre lois Hartz, du nom du directeur du personnel de Volkswagen. Peter Hartz avait dirigé la commission chargée d'examiner les actions à prendre pour faire baisser le coût du travail en Allemagne. L'une de ces lois avait pour objectif d'« inciter » les chômeurs à reprendre un emploi. Le prédécesseur de

Merkel, le chancelier social-démocrate Gerhard Schröder, avait fait voter entre 2003 et 2005 ce train de réformes du marché du travail d'inspiration blairiste[1], forme atténuée du thatchérisme. Contrairement à ce qui s'était passé en Grande-Bretagne, l'adoption de ces mesures de redressement parfois drastiques était le fruit de la célèbre concertation à l'allemande entre les forces du travail et celles du capital. Dans ces années-là, le chômage battait des records outre-Rhin, culminant à plus de 11 % en 2005, alors qu'il tournait autour de 8 % en Italie et de 9 % en France. À son arrivée au pouvoir, Mme Merkel bénéficia amplement du retour rapide au plein-emploi et à la croissance, sans avoir à serrer davantage la vis à ses concitoyens, ce qui n'a pas peu contribué à sa popularité. Toutefois, cela n'explique pas sa longévité exceptionnelle à la tête de quatre gouvernements d'affilée. Son surnom de « Mutti » rend grâce à son emprise maternelle, sans éclats de voix inutiles, sur la nation germanique. Le sobriquet devint avec le temps une estampille affectueuse et rassurante. Angela Merkel avait l'art et la manière de gérer les problèmes dans le calme et avec pragmatisme. Selon Nicolas Sarkozy, qui la bouscula à l'occasion de la crise financière de 2008, elle lui aurait avoué durant la crise des dettes souveraines ne prendre ses décisions qu'au pied du mur. Les scrutins successifs lui auront permis de former des gouvernements de coalition, d'abord avec les sociaux-démocrates du SPD, puis avec les libéraux du FDP, puis de nouveau avec le SPD par deux fois. Sa fin de règne a cependant été marquée par sa décision historique d'accueillir un million de réfugiés lors de la crise migratoire de 2015. L'Allemagne se portant bien sur le plan

1. Tony Blair, Premier ministre travailliste du Royaume-Uni de 1997 à 2007.

économique, le débat, paradoxalement, s'est focalisé non plus sur la manière de compenser certains effets pernicieux des lois Hartz ou sur les enjeux écologiques, mais sur la sécurité et l'immigration. Avec pour symptôme l'entrée au Bundestag – une première depuis la guerre – d'une extrême droite (l'AFD, Alternative pour l'Allemagne) qui remporte 12,6 % des suffrages en 2017, puis 10,3 % en 2021. La CDU et ses alliés bavarois de la CSU en pâtissent. En 2021, après son départ, la CDU, dirigée brièvement par Armin Laschet, enregistre le pire score de son histoire et se voit congédiée par les électeurs, la nouvelle coalition, sous la houlette du chancelier social-démocrate Olaf Scholz, intégrant le SPD, le FDP et les Verts.

Angela Merkel aura marqué de son empreinte sereine un pays hanté par un passé qui passe mal et incarné à l'étranger une Allemagne sans aucun des réflexes agressifs ou arrogants qu'une puissance retrouvée aurait pu lui inspirer. Symbole de cet état d'esprit, cette conférence de presse en mars 2021, où devant les caméras elle annule d'un air contrit les restrictions de circulation et de réunion qu'elle avait dans un premier temps annoncées pour cause de Covid. La mise sous cloche du pays pendant cinq jours avait été fort mal accueillie, la classe politique s'en était désolidarisée. Penaude, la chancelière admet le manque de réalisme de cette mesure et présente ses excuses au peuple allemand !

On voit là que les deux fortes femmes évoquées par Valérie Pécresse présentent un contraste saisissant. Il ne tient pas seulement, bien sûr, à la personnalité de ces grandes dirigeantes, mais aussi aux circonstances, à l'Histoire, aux institutions et au tempérament politique de leurs peuples, différents du nôtre. D'autant que l'on voit mal Valérie Pécresse, étant donné son discours sur l'immigration, accueillir un million de réfugiés. Ou, comme la chancelière, fermer des centrales nucléaires qui assurent l'essentiel de nos besoins en électricité, ce qui a d'ailleurs obligé l'Allemagne à rouvrir des centrales au charbon fort peu écologiques. Valérie Pécresse tient d'ailleurs aujourd'hui un discours inverse. À fond derrière EDF pour avoir de nouvelles centrales nucléaires. Donc, compte tenu de la situation qui est la nôtre aujourd'hui, et personne n'ayant fait le « sale boulot » avant elle (ce qui fit d'ailleurs perdre les élections à Schröder), on peut l'imaginer plus proche de Thatcher que de Merkel.

La France, homme malade de l'Europe

Car aussi bien la poigne d'airain de Margaret Thatcher que les réformes Hartz ont eu des conséquences positives pour le Royaume-Uni et l'Allemagne, chacun de ces pays, tour à tour qualifiés d'« homme malade de l'Europe », ayant non seulement remonté la pente, mais rattrapé puis dépassé ses voisins au regard de la plupart des critères économiques (chômage, croissance, balance des paiements). Cet enrichissement n'a toutefois pas profité à tous de la même manière. Au prix, particulièrement en Grande-Bretagne, d'un appauvrissement des couches les plus défavorisées et, en Allemagne, d'une dégradation des conditions de travail et de revenus de la catégorie dite des « travailleurs pauvres ».

À bien des égards (déficits, coût du travail, fiscalité, balance commerciale), la France se retrouve aux prises avec des difficultés d'une ampleur comparable à celles de son voisin d'outre-Manche dans les années 1970 et de son voisin d'outre-Rhin dans les années 2000. Mais la France est-elle réformable ? Le débat peut-il même être posé ? Pas un seul mandat présidentiel, depuis trente ans, qui n'ait été troublé par des manifestations de rue et des protestations, parfois violentes, contre telle tentative de réforme (régimes spéciaux, CPE, retraite), telle ou telle mise en œuvre d'une loi déjà votée (taxes écologiques). Ces épreuves de force se sont souvent traduites par de pitoyables reculades, au mieux par de laborieux compromis, alors qu'elles faisaient parfois consensus[1].

Une exception, notable : à l'été 1993, Édouard Balladur, en présence d'un trou énorme dans les caisses de la Sécurité sociale, a réussi à faire avaler sans coup férir l'allongement de la durée de cotisation nécessaire pour bénéficier d'une retraite à taux plein (de cent cinquante à cent soixante trimestres). Le nombre des « meilleures années » prises en compte pour calculer le montant de la pension passait de dix à vingt-cinq ans Cela concernait le secteur privé, c'est-à-dire la Caisse nationale d'assurance vieillesse et quelques autres régimes, mais pas les fonctionnaires. Outre que les cinq millions de fonctionnaires n'étaient pas touchés, la décision d'étaler l'application de la réforme sur dix à quinze ans a permis d'éviter de grands mouvements de protestation. Une vraie performance aux conséquences considérables.

Il en fut autrement en 1995, lorsque Alain Juppé tenta d'étendre à la fonction publique la prolongation de la durée de cotisation de trente-sept ans et demi à quarante ans et de mettre fin aux régimes spéciaux de retraite de la RATP ou de la SNCF. Paris se retrouva bloqué par la grève des transports pendant trois semaines et le gouvernement finit

1. Ségolène Royal n'a-t-elle pas approuvé après-coup le CPE de Dominique de Villepin ?

par reculer, alors qu'il avait presque gagné, tant était grande la lassitude des Parisiens. Mais Chirac demanda à Juppé d'abandonner la partie ! Autre cas célèbre de repli après des déclarations matamoresques : l'affaire du « contrat première embauche » (CPE), sous le gouvernement de Dominique Villepin. Chirac promulgua la loi en avril 2006, faisant en sorte, dans les jours suivants, qu'elle ne soit jamais appliquée ! Villepin avait pourtant remporté l'épreuve de la rue et Ségolène Royal déclarerait plus tard que le CPE était une bonne mesure pour les jeunes. À dix ans d'intervalle il aura donc lâché ses deux Premiers ministres.

Une analyse que contredit le gendre de Chirac, Frédéric Salat-Baroux : « Je ne crois pas qu'il y ait un ADN de la droite française qui l'empêche de faire des réformes. Il y a des priorités et des réformes plus ou moins bien préparées. En 1995, ce qui était essentiel était la réforme de l'assurance maladie et on a décidé de lâcher sur les régimes spéciaux pour préserver l'essentiel. De Gaulle l'avait fait pendant la grève des mineurs dans les années 1960. Il avait choisi l'apaisement[1] », se défend l'ancien secrétaire général de l'Élysée.

Ce n'est sûrement pas de ce Chirac-là velléitaire que Valérie Pécresse se revendique aujourd'hui. Pour éviter cet écueil, elle assure avoir sa recette, qu'elle a appliquée pour la première fois de façon pragmatique sous la houlette de François Fillon et Nicolas Sarkozy, lors des batailles menées sans relâche à l'Enseignement supérieur. Pour imposer des réformes nécessaires, dit-elle, « il faut gagner par épuisement[2] ». Tout en affirmant : « Je suis pour la réforme en douceur[3]. » Formée sur le tas, elle a théorisé cette évidence que l'on ne peut faire

1. Entretien avec l'auteur, 28 décembre 2021.
2. Déjeuner avec la presse quotidienne régionale, 19 septembre 2018.
3. Déjeuner avec la presse quotidienne régionale, 31 mars 2021.

passer une réforme globale à plusieurs volets sans d'énormes difficultés. À cet égard, elle reconnaît à Nicolas Sarkozy un « admirable flair politique ». « Il savait "jusqu'où ne pas aller trop loin" et était toujours partisan de "réformes successives", avec la ténacité de l'alpiniste qui plante son piolet et prend appui avant de monter plus haut », confie-t-elle à Marion Van Renterghem[1]. Bref, du pragmatisme avant tout.

Même pas peur

Le défi posé par la réforme universitaire de 2007 était de taille. C'était même la raison pour laquelle personne ne s'était pressé au portillon pour s'emparer de ce ministère casse-gueule, grâce à quoi Sarkozy et Fillon lui avaient donné sa chance. Il y a là une constante de la carrière politique de Valérie Pécresse : saisir l'occasion de prouver sa valeur en acceptant une responsabilité qui ferait peur à d'autres. Elle avait déjà manifesté ce trait de caractère en posant sa candidature au poste de conseillère à l'Élysée, dont l'hôte était alors démonétisé. Son ambition la conduit à savoir prendre des risques et à relever des défis, quand d'autres, non moins ambitieux, les évitent. Sans doute parce qu'elle est persuadée que rien ne sera jamais donné à une femme sans combat. Il lui faut donc prouver en permanence sa valeur, sa compétence et son courage, tenir en respect la gent masculine dominatrice et sûre d'elle-même, en surnombre dans les allées du pouvoir et dans un parti de droite fortement testostéroné. Son côté Thatcher, en quelque sorte.

1. *Et c'est cela qui changea tout*, *op. cit.*

« Elle a toutes les caractéristiques de quelqu'un qui maîtrise tous les dossiers, mais elle aspire à en découdre, observe Frédéric Salat-Baroux. Dans un cabinet essentiellement masculin, celui dirigé par Villepin à l'Élysée, elle était la seule fille[1]. » À ses yeux, sa volonté d'en découdre est même « une qualité fondamentale ». « J'éprouve de la sympathie pour elle, car c'est une bagarreuse », nous confie le chroniqueur de *L'Obs* Patrick Fauconnier, qui l'a suivie tout au long de la bataille de la loi sur l'autonomie. Il en sera de même lors de son passage au ministère du Budget en 2009, en pleine crise des dettes souveraines. Une tâche d'autant plus difficile qu'elle assume en même temps la fonction périlleuse de porte-parole du gouvernement, enchaînant les soirées à l'Assemblée nationale et les émissions matinales d'information.

Autre tendance lourde : Valérie Pécresse veut « parler avec tout le monde », c'est-à-dire également avec ses adversaires, pour tenter de dégager un compromis. C'est son côté main de fer dans un gant de velours, à la Merkel. Dès ses débuts en politique, elle aura montré un savant mélange de calcul et d'intuition. De son propre aveu, elle a su en outre jouer tactiquement de la parité femme-homme à son avantage. Et passer outre quand on a voulu lui mettre des bâtons dans les roues, comme en 2010 et 2015, lorsque Nicolas Sarkozy semblait pencher pour un autre candidat à la présidence de la région Île-de-France.

Le sens de l'organisation compte aussi. « Quand elle va au combat, elle est très méthodique », estime son communicant Jean-Marc Zakhia. Cette attitude, doublée d'une bonne connaissance des dossiers, trouve *a fortiori* à s'appliquer lors

1. Entretien avec l'auteur, 28 décembre 2021.

des négociations pleines d'embûches avec les syndicats, où patience et diplomatie se révèlent indispensables. Valérie Pécresse, la « dame du faire », aime à dire qu'elle appartient à « la droite des solutions ». En cela, elle reprend la maxime de Thatcher : « En politique, si vous voulez des discours, demandez à un homme. Si vous voulez des actes, demandez à une femme. »

19

Comment peser sur les affaires du monde ?

« Pourriez-vous ralentir, s'il vous plaît ? » En chemin avec Valérie Pécresse pour le Haut-Karabagh, dans la voiture blindée prêtée par le président arménien, Michel Barnier demande au chauffeur d'aller moins vite, à cause du mauvais état de la route. L'ancien commissaire européen, rompu aux négociations post-Brexit avec les Britanniques et habitué au volapük des couloirs du Berlaymont à Bruxelles, s'exprime spontanément en anglais. Las, le chauffeur ne comprend pas la langue de Shakespeare. Valérie Pécresse intervient alors et réitère la demande en russe, langue apprise dans sa jeunesse. Cette fois, il comprend et s'exécute. Voilà une négociation rondement menée.

La tâche sera probablement plus difficile avec Vladimir Poutine, qui, en 2008, lors d'un voyage où elle accompagnait François Fillon à Sotchi, s'était étonné qu'elle parle le russe. « Je crois que, ce jour-là, il m'a cataloguée définitivement comme une recrue des services secrets français, raconte-t-elle[1]. » Reste à voir si, une fois présidente, elle aurait à l'égard de la Russie l'indulgence d'un François Fillon, qui la jugeait incontournable et souhaitait qu'elle soit mieux

1. *Et c'est cela qui changea tout*, *op. cit.*

comprise, donc ménagée. En janvier 2022, alors que cent mille militaires russes étaient massés aux portes de l'Ukraine, les États-Unis et la Russie ont engagé un dialogue pour faire retomber la tension, qui pourrait déboucher sur une nouvelle architecture de sécurité européenne. Washington informe ses alliés européens, tenus à l'écart des discussions. Pour la première fois depuis l'été 2019, un conseil de consultation Otan-Russie se réunit le 12 janvier au siège bruxellois de l'Alliance atlantique. Ne souhaitant pas laisser au président Macron le monopole de cette gestion de crise, elle propose d'abord d'organiser, si elle était élue, une grande conférence sur la sécurité en Europe, dès lors que le groupe de Minsk semble hors jeu. Mais, la tension s'accroissant, c'est Emmanuel Macron qui dialogue avec Joe Biden et Vladimir Poutine. Elle prend ses distances avec la prétention européenne de jouer dans la cour des grands en publiant une tribune qui se veut apaisante, mais qui peut être interprétée comme plus compréhensive à l'égard de Moscou[1].

Rentrée le 23 décembre 2021 d'Arménie, Valérie Pécresse n'avait pas eu l'occasion, pour Noël, de rendre visite à des soldats français en opération extérieure. Ce privilège lui a été refusé, alors qu'il a été accordé à Éric Zemmour. Celui-ci s'est fait photographier en compagnie de soldats du 43e bataillon d'infanterie de marine stationnés en Côte d'Ivoire, en appui logistique à l'opération antidjihadiste Barkhane, dans le Sahel. Furieuse de cette différence de traitement dans un contexte électoral, elle se contente d'une visite moins spectaculaire auprès de soldats en patrouille à Paris, dans le cadre de

1. « L'intégration de l'Ukraine dans l'Otan ne me semble pas une priorité dans une Europe pacifiée et réconciliée », *Le Monde*, 26 janvier 2022.

l'opération « Sentinelle ». Mais, en présidentiable qui se respecte, il lui faut exister sur la scène extérieure.

À l'inverse des problèmes de sécurité intérieure, les questions de politique étrangère sont rarement au centre d'une campagne. Sauf grave incident de frontière entre l'Ukraine et la Russie ou dérapage au large de Taiwan avec la Chine, les enjeux diplomatiques ne passionnent pas les foules, tourneboulées par la pandémie et inquiètes de l'inflation. Les affaires étrangères brillent d'ailleurs par leur quasi-absence dans le programme en vingt-quatre pages de la candidate LR. Sauf que la mondialisation rend les problèmes nationaux de plus en plus interdépendants. Et, si la politique étrangère ne rapporte pas de voix, elle peut en coûter en cas de gaffe. On se souvient de Ségolène Royal, en 2007, incapable de donner le nombre de sous-marins nucléaires de la force de dissuasion.

La France et l'Europe face aux défis russe et turc

Son voyage de trois jours en Arménie, à la veille de Noël, avait ainsi quelque rapport avec la campagne présidentielle. On estime à quatre cent mille le nombre de Français de souche arménienne en âge de voter. Une semaine plus tôt, l'un des concurrents directs de la candidate, Éric Zemmour, héraut du combat identitaire d'un Occident menacé de l'intérieur par les progrès de l'islam et du multiculturalisme, s'était rendu lui aussi en Arménie, en compagnie de Philippe de Villiers. Objectif : marquer sa solidarité avec cet avant-poste des chrétiens d'Orient. En quarante-quatre jours de conflit armé, l'Azerbaïdjan, soutenu par la Turquie, a repris en novembre 2020 une partie du Haut-Karabagh, territoire azéri à forte composante arménienne ayant fait sécession depuis l'explosion de l'Union soviétique en 1991. Une médiation russe a débouché sur un cessez-le-feu fragile, des affrontements armés ayant encore opposé les armées azérie et arménienne en juillet 2021.

Le 4x4 transportant Valérie Pécresse, Michel Barnier et Bruno Retailleau, animateur au Sénat d'un groupe de soutien aux chrétiens d'Orient, emprunte ce jour-là le corridor de Latchine, gardé par des soldats russes. Cette voie relie l'Arménie proprement dite à la « république autodéterminée d'Artsakh », portion du Haut-Karabagh restée aux mains des Arméniens[1]. « C'est pour moi l'occasion symbolique, à quelques jours de Noël, de réaffirmer que les chrétiens ont toute leur place en Orient, affirme-t-elle. Dans ce pays se joue la sécurité de la France et de l'Europe. » Par-delà la diaspora franco-arménienne, le message s'adresse aux catholiques français. Valérie Pécresse ne fait pas mystère de ses convictions religieuses, que tempère le laïcisme de son entourage. Son affichage aux côtés des minorités chrétiennes des Proche et Moyen-Orient n'est d'ailleurs pas une première. En juillet 2014, elle a cofondé à l'Assemblée nationale[2] un groupe d'études visant à sensibiliser le gouvernement français à l'accueil des chrétiens d'Orient, alors ciblés par Daech.

Pendant les vacances de Noël 2021, j'appelle Bruno Retailleau, de retour d'Arménie. Le président du groupe Les Républicains au Sénat se repose à l'île d'Yeu. Nous évoquons la côte sauvage bordée de falaises où a été tourné

1. La France préside, avec la Russie et les États-Unis, le groupe de Minsk, formé en 1994 pour superviser le premier accord entre l'Azerbaïdjan et l'Arménie.
2. Avec la députée Véronique Besse, du Mouvement pour la France, ancienne assistante parlementaire de Bruno Retailleau et Philippe de Villiers.

le dernier film de Guillaume Canet. Un demi-siècle qu'il vient dans le bourg de Saint-Sauveur, au cœur de l'île, où sa famille s'est ancrée. Son engagement pour la protection des chrétiens d'Orient date d'août 2014. Il était alors le premier parlementaire à s'être rendu en Irak, après que l'« émir » al-Baghdadi se fut proclamé calife de l'État islamique à Mossoul. Celui qui fut président du conseil général de Vendée et bras droit de Philippe de Villiers, avant de se brouiller avec « l'agité du bocage », me raconte que l'Arménie, petit pays au confluent des invasions ottomanes, perses et russes, fut le premier royaume chrétien, fondé au début du IVe siècle, et qu'elle a su garder son identité grâce à sa foi et à son alphabet, conçu à cette époque. Bruno Retailleau a convaincu ses collègues sénateurs de voter en 2020 une résolution sur la reconnaissance du génocide de 1915 responsable de plus d'un million de morts. « En avril 2021, me dit-il, juste après l'effondrement de la dernière guerre ayant causé quatre mille morts et où les Turcs utilisèrent des bombes au phosphore, nous y sommes allées pour la commémoration du génocide, alors que les États-Unis qui avaient longuement ménagé la Turquie, leur allié dans l'Otan, le reconnaissaient par la voix de Joe Biden. »

La visite de Valérie Pécresse a été vivement critiquée, le 12 janvier, par le président de l'Azerbaïdjan, Ilham Aliev, qui l'a jugée « illégale », accusant les Russes de négligence. « Si nous avions su qu'ils étaient là-bas [dans le Haut-Karabakh], il est évident que nous ne les aurions pas laissés revenir. Le couloir de Latchine est sous notre contrôle. Nous pouvons y arrêter n'importe quelle voiture et personne ne peut rien nous dire », a ajouté M. Aliev dans une interview. L'avocat de Valérie Pécresse, Me Thibault de Montbrial, a annoncé l'intention de sa cliente de porter plainte pour « menaces de mort », bien que le droit international protège les chefs d'État en exercice contre des poursuites judiciaires. Par ailleurs, dénonçant les « propos scandaleux » d'Ilham Aliev, les chefs de file parlementaires LR – le député Damien Abad, le sénateur Bruno Retailleau et le député européen François-Xavier Bellamy – ont demandé dans une lettre à Emmanuel Macron d'« exiger [...] des excuses officielles » de l'Azerbaïdjan et, en cas de refus, de rappeler l'ambassadeur de France à Bakou.

Réviser Schengen sur l'exemple des Grecs

Second voyage à thème : le week-end des 15 et 16 janvier 2022, Valérie Pécresse se rend en Grèce, un pays qui partage avec l'Arménie le douteux privilège d'une attention particulière de la Turquie. Ankara ne cache pas sa volonté de remettre en cause la souveraineté grecque sur une bonne partie de la mer Égée, un legs des traités de Sèvres et de Lausanne. Les revendications turques sentent le gaz, celui qui se cache potentiellement sous les fonds marins en Méditerranée orientale et dont Ankara, gros importateur d'hydrocarbures, aimerait avoir sa part dans une zone s'étendant de ses côtes à celles de la Libye, en passant par Chypre. Ankara, en quelque sorte, tout comme la Russie, entend profiter de l'affaiblissement collectif des Occidentaux et du relatif désintérêt de Washington, qui a pivoté vers l'Asie, pour créer de nouveaux rapports de force.

Réviser les clauses défavorables que l'Histoire a imposées à leurs pays respectifs, telle est la mission que Vladimir Poutine et Recep Tayyip Erdoğan se sont fixée. En même temps, les deux vieux empires revanchards avancent leurs pions en

Méditerranée et en Afrique, dans des régions considérées comme vitales par Paris.

L'un des buts du voyage de Valérie Pécresse en Grèce a également un rapport étroit avec la campagne présidentielle. À son programme figure en bonne place la visite d'un camp de rétention pour migrants sur l'île grecque de Samos. Pour elle, il s'agit d'un cas exemplaire de contrôle aux frontières extérieures de l'Union européenne qu'elle voudrait voir généralisé. « Je soutiens l'idée que ce modèle grec doit être dupliqué aux États frontaliers », déclare-t-elle à la presse à l'aéroport d'Athènes. Les accords européens de Schengen sur les contrôles aux frontières, « ça ne fonctionne pas », insiste-t-elle.

Il est vrai que le centre de Samos, qui avait brûlé, a été remis en état avec l'aide de l'Union européenne et que les demandes de droit d'asile y sont traitées. Certains redoutent cependant que la Grèce ne continue d'être une passoire, les autorités grecques tournant parfois le regard ailleurs. « Le vrai modèle, en tout cas le plus efficace, reste le versement à la Turquie de milliards d'euros pour qu'elle retienne les foules de candidats à l'immigration », estime un ancien ambassadeur français à Athènes, qui voit dans la démarche de la candidate LR sous le soleil des Cyclades des fins exclusivement électoralistes. Quoi qu'il en soit, l'Élysée a fait pression en vain sur le Premier ministre grec, le conservateur Kyriákos Mitsotákis, pour le dissuader de rencontrer son adversaire.

Ressouder Le couple franco-allemand

Il faut également sacrifier au rite du voyage à Berlin. La relation franco-allemande, un peu comme la relation anglo-américaine, est déséquilibrée. Dans les deux cas, un seul des deux partenaires semble vraiment convaincu de l'importance de l'autre. Quoi qu'il en soit, le réflexe de Paris est de se tourner vers l'Allemagne au nom d'un « couple » plutôt imaginaire, quand celui de Londres est de revenir aux temps heureux de la « relation spéciale » avec Washington pendant la Guerre froide. Gageons quand même qu'à Berlin, pour son premier contact, Valérie Pécresse ne péchera pas par naïveté. Elle voudra rassurer ses interlocuteurs sur la trajectoire économique que la France, éternelle dépensière, entend suivre sous son impulsion. Et tiendra, préliminairement, à explorer avec le nouveau gouvernement de coalition du chancelier social-démocrate Olaf Scholz les sujets sur lesquels les deux capitales sont susceptibles d'avancer ou pas (construction européenne, relations avec Moscou, projets d'avion de chasse et de char communs, etc.).

« Le fait qu'elle soit du parti conservateur français, alors que Scholz est social-démocrate et à la tête d'une coalition avec les libéraux-démocrates et les Verts, n'est en soi pas un problème[1] », analyse Ulrich Wickert, ancien journaliste vedette de la télévision allemande ARD. C'est plutôt une tradition riche de nombreux précédents : leurs étiquettes politiques n'ont pas empêché de s'entendre Valéry Giscard d'Estaing et Helmut Schmidt, François Mitterrand et Helmut Kohl, Jacques Chirac et Gerhard Schröder, ou encore François Hollande et Angela Merkel.

Par ailleurs, Olaf Scholz a été un moment chargé des affaires culturelles du gouvernement fédéral allemand[2] et, à ce titre, responsable des échanges culturels entre Berlin et

1. Entretien avec l'auteur, 15 janvier 2022.
2. Poste qui échoit toujours au dirigeant d'un *land*, car il n'y a pas de ministre de la Culture en Allemagne.

Paris. Ce qui lui a permis de nouer quelques connexions en France. Mais il faudra que Scholz et Pécresse apprennent à se connaître avant d'être en mesure de constituer un duo digne de leurs illustres prédécesseurs. « Les Allemands, peut-être parce qu'ils ont vécu seize ans sous le règne de la chancelière Merkel, réputée pour son calme, apprécient par contraste la jeunesse et le dynamisme d'un Emmanuel Macron », indique Ulrich Wickert, alors qu'« en Allemagne Valérie Pécresse est une parfaite inconnue ».

Olaf Scholz connaît bien Emmanuel Macron. Tous deux ministres de l'Économie, ils se sont rencontrés à plusieurs reprises avant que l'un et l'autre accèdent au pouvoir. Leur première entrevue remonte à septembre 2015. Manuel Valls, alors Premier ministre, est reçu à Hambourg, ville dont M. Scholz est le maire[1]. À l'issue d'un dîner offert à la délégation française à l'hôtel Atlantic, au bord du lac Aussen-Alster, Emmanuel Macron, interviewé par Ulrich Wickert, s'entend demander : « Qui sera le prochain président en France ? » Réponse : « Celui qui affrontera Marine Le Pen au second tour. » On ne pouvait mieux dire.

Dans un autre domaine, celui de la francophonie, laissée en jachère par ses prédécesseurs, Valérie Pécresse assure qu'elle renouera avec une réelle ambition, appelant notamment à faire entrer Molière au Panthéon. « Contrairement à Emmanuel Macron[2], dit-elle, je défends l'idée d'une culture française à vocation universelle, celle de la patrie des arts et des lettres qui se distingue depuis toujours par le message qu'elle porte au monde. Et quel meilleur exemple

1. Poste qui se conjugue avec celui de ministre-président, autrement dit chef du gouvernement du *land*.
2. Qui avait soutenu qu'il n'y a pas « une culture française », mais « une culture en France ».

de cette vocation que Molière. Par le rire et l'insolence, il dénonce les sectarismes, les visions étriquées de son époque. Il a mis au jour avec courage les travers de la société du XVIIe siècle : l'hypocrisie sociale, les inégalités, les oppressions subies par les femmes, les sectarismes religieux, sujets ô combien d'actualité[1]. »

Un héritage mitigé

Emmanuel Macron reste désireux que les projecteurs éclairent le rôle éminent que Paris peut encore jouer dans le monde et, c'est de bonne guerre, en profiter au passage pour se donner une stature avantageuse d'homme d'État. Au fil de son quinquennat, il a tenté une série de « coups » diplomatiques qui pour certains se sont soldés par des échecs, parfois voyants et embarrassants[2]. Ainsi, après l'explosion qui a ravagé Beyrouth le 20 août 2020, a-t-il tenté de provoquer un changement politique radical au Liban, assorti de réformes radicales, en contrepartie d'une aide financière substantielle ; mais il s'est heurté à l'inertie d'un système totalement verrouillé et corrompu. Il ne s'était apparemment ménagé l'appui ni des États-Unis, ni de l'Iran, ni de l'Arabie saoudite pour convaincre leurs clients libanais respectifs. Mais l'ancien Premier ministre Saad Hariri, fils de Rafiq Hariri, le grand ami de Chirac, a perturbé un jeu qui était de toute façon trop théâtral pour réussir en Orient.

Puis Macron a voulu rapprocher les États-Unis de Donald Trump et l'Iran d'Ali Khamenei sur le sujet du

---

1. *Le Figaro Magazine*, 10 janvier 2022.
2. *Cf.* Christian Chesnot, Georges Malbrunot, *Le Déclassement de la France*, Michel Lafon, 2022.

nucléaire ; il n'a pas davantage réussi. Même insuccès quand il s'est agi de convaincre le régime algérien d'abandonner sa posture de rancœur recuite à l'égard de son ancien colonisateur et de cesser son perpétuel double jeu pour entrer dans une nouvelle ère de coopération avec Paris. Impasse également en Syrie, où la France, qui refuse de reprendre les relations diplomatiques avec le régime de Bachar al-Assad, se met elle-même hors-jeu. Sur la scène internationale, les fameuses tactiques « disruptives » d'Emmanuel Macron – déclarations provocatrices destinées à débloquer des situations *a priori* figées – n'ont pas eu le résultat escompté – quand elles n'ont pas été contreproductives, du fait de maladresses à l'égard de dirigeants étrangers habitués à plus de retenue et de discrétion et ne cédant éventuellement qu'à la puissance, un ingrédient dont la France est de plus en plus dépourvue. Au contraire, l'échec final a mis l'accent sur l'incapacité du Français à faire bouger les lignes.

Aussi humiliante soit-elle, la perte en 2021 du méga-contrat des sous-marins vendus aux Australiens, au profit d'un *deal* secret avec les Américains dans le cadre de l'alliance Aukus, ne peut pas être imputée à Emmanuel Macron. Le président Joe Biden l'a admis à demi-mot : l'Australie et les États-Unis se sont mal comportés en omettant de prévenir leur « allié » français d'un changement de cap stratégique à son détriment. Le coup fut rude pour la France, tant pour les intérêts de son industrie navale que pour sa fierté. Toutefois, les ventes d'équipements de défense, en particulier de Rafale et de navires de guerre, à de nombreux pays – Grèce, Émirats arabes unis, mais aussi Croatie, Inde et Égypte – ont permis de panser quelque peu les plaies. Dans le cas d'Athènes et de Dubaï, elles donnent de la substance à une coopération militaire active avec les forces armées françaises.

Les moyens de la puissance

Nicolas Baverez, selon qui « l'épidémie de Covid est la matrice du XXIe siècle », définit l'époque comme celle où « l'Occident a perdu le contrôle de l'Histoire[1] ». « Nous sommes dans ce moment très singulier d'un monde qui se désoccidentalise et qui devient plus dangereux », dit-il, alors que les institutions internationales ayant régi l'après-guerre « volent en éclats ». La guerre froide entre la Chine et les États-Unis s'accélère. Dans un tel contexte, on peut comprendre que le volontarisme dont a fait preuve Emmanuel Macron n'ait pas toujours été récompensé. « Sa diplomatie présente les mêmes traits que sa politique intérieure, alliant des intuitions justes et un déficit criant d'exécution », estime Nicolas Baverez.

Si elle prend les manettes, Valérie Pécresse aura sans doute une approche plus mesurée. Question de tempérament. Elle a bien conscience que l'influence d'un pays est à l'aune de sa puissance économique. Son programme pose les bases d'un redressement. Une des conditions de sa réussite est que les règles du jeu de la concurrence mondiale soient équitables. Sinon, sa tentative de remise en ordre et en marche d'une France en crise serait vouée à l'enlisement. Elle entend donc veiller à ce que les dés ne soient pas pipés. Interrogée au salon du Made in France, en novembre 2021, sur la possibilité d'une réindustrialisation, Valérie Pécresse s'est engagée

1. *(Re)constructions*, Éditions de l'Observatoire, 2021.

à se mobiliser pour que l'Union européenne impose le principe de « réciprocité » dans les échanges commerciaux. Dans certains cas, « le mot protectionnisme ne [lui] fait pas peur[1] ». La candidate LR se prononce en outre pour que les entreprises françaises d'intérêt stratégique soient systématiquement protégées des appétits étrangers, sur le modèle américain notamment, par la création d'un commissariat rattaché à la présidence de la République, au lieu de relever, comme aujourd'hui, d'un service à Bercy. L'exemple des dernières années n'est guère probant.

Nicolas Baverez le souligne : « Le discours de la puissance est vain s'il ne s'appuie pas sur les moyens de la puissance. » Il faudra par ailleurs aborder certains sujets brûlants comme l'enlisement de l'armée française au Sahel, à l'heure où les Russes, encore eux, s'immiscent par le biais de leur milice Wagner dans ce qui était naguère considéré comme notre pré carré. À l'heure où nous bouclons ce livre, on n'a pas entendu de parole forte de la candidate à ce sujet.

1. Interview par Natacha Polony, *Marianne*, 13 novembre 2021.

20

Une réélection quoi qu'il en coûte

Dès l'été 2021, Valérie Pécresse ne doute plus qu'Emmanuel Macron, qu'elle tient pour un homme de gauche moderne à la Tony Blair, se représentera. Elle glisse à l'occasion d'une rencontre en Bretagne : « C'est toute sa vie, il n'a pas d'enfants et il adore passer à la télé tous les jours[1]. » En fait c'est Nicolas Sarkozy qui lui a soufflé l'idée qu'un homme sans enfants vivait pour lui-même sans se préoccuper des générations futures. C'est d'ailleurs la rebuffade infligée à Jean-Louis Borloo lorsqu'il présenta son plan banlieue qui décida Valérie Pécresse à défier Emmanuel Macron. « C'est un petit cercle très étroit dans lequel il est difficile de pénétrer », lancera alors le ministre de la Ville, furieux d'avoir été évincé. Abordant la dernière ligne droite de la présidentielle, la candidate doit convaincre qu'elle est porteuse d'un projet de nature à sauver le pays de ses vieux démons. Bien entendu, les macronistes s'acharnent à démontrer qu'ils ont bien travaillé, compte tenu du contexte sanitaire, et que l'équipe de la candidate LR ne ferait pas mieux, si ce n'est pire.

1. Dîner avec l'auteur, Roscoff, 28 août 2021.

« Haro » sur Pécresse

Sur les questions de sécurité, face à l'offensive en règle des partisans de Valérie Pécresse sur le bilan du quinquennat (« Macron n'a pas protégé la population », scande un tract LR massivement distribué le 16 janvier), le ministre de l'Intérieur Gérald Darmanin s'inscrit en faux : bien au contraire, « on montre à la population qu'on ne les laisse pas tomber. Ce ne sont plus les voyous qui contrôlent les habitants, mais la police qui contrôle les voyous », ne craint pas d'affirmer ce poids lourd du gouvernement[1]. Le déclenchement de descentes systématiques dans les grandes villes pour perturber le trafic de stupéfiants aurait créé, selon lui, « un manque à gagner énorme » pour les trafiquants et leur « Rungis de la drogue ». Gérald Darmanin évoque aussi cent vingt-deux mille amendes infligées à des consommateurs, dont 40 % dans les « beaux quartiers ». « On a créé l'amende forfaitaire, qui permet d'aller plus vite », explique le ministre de l'Intérieur. Un outil précieux, la cartographie des points de deal, qui n'existait pas auparavant, a facilité le travail de la police. Résultat : « Il y a quatre cents points de deal en mois (six cents supprimés, deux cents nouveaux). »

Autre instrument ayant permis d'enregistrer des progrès dans la répression des délits : la vidéosurveillance, grâce à laquelle « il est bien plus facile de retrouver les auteurs. Quand quelqu'un lance un cocktail Molotov ou un tir de mortier, on le retrouve en quarante-huit heures », affirme l'hôte de la place Beauvau. Voilà pour ceux qui invoqueraient

1. Entretien avec l'auteur, 13 décembre 2021.

la prétendue passivité et l'impuissance du gouvernement dans la lutte contre l'insécurité.

Autre axe développé contre la candidate LR : insister encore et toujours sur les divisions au sein de son parti. Et montrer qu'il y a deux lignes inconciliables qui fracturent ses partisans, laissant planer le doute sur ses orientations réelles et sur la manière dont elle gouvernerait. Soit Valérie Pécresse cède aux sirènes de l'extrême droite, soit elle cache son jeu et ne dit pas la vérité sur ses intentions, plaident les partisans du chef de l'État. Façon de dire que l'« en même temps » qu'ils pratiquent allègrement n'est pas viable entre Ciotti et Pécresse, ou Bertrand et Retailleau. « Écoutez les macronistes parler de moi. C'est haro sur ma candidature, matin, midi et soir », lance la présidente de la région Île-de-France[1].

Il s'agit de mettre en doute sinon sa légitimité, du moins sa représentativité. Valérie Pécresse, rappelle Darmanin, n'a été désignée que par le collège restreint d'un congrès LR, la primaire étant « fermée », c'est-à-dire réservée aux adhérents, et non ouverte comme en 2017. « On est passé d'une droite qui a choisi son candidat avec quatre millions de personnes au choix de quelque cent vingt mille votants », susurre-t-il. Sur sa lancée, il poursuit : « Les encartés républicains sont désormais des radicalisés. Les gens raisonnables sont partis. Ces radicalisés ne sont pas très nombreux. Ils hésitent entre leurs pulsions – Zemmour, Le Pen – et la raison Pécresse. Ensuite, il y a les sympathisants de droite, beaucoup plus nombreux. » Mais Valérie Pécresse, selon lui, « n'a pas d'espace politique. Si vous pensez qu'elle va faire voter des jeunes, je vous parie des cerises à Noël ».

1. Interview par Sonia Mabrouk, Europe 1, 17 janvier 2022.

C'est le président Macron qui « a la base la plus élargie », car « plus personne ne pense que Macron est le président des riches », ajoute-t-il sans rire. D'ailleurs, croit-il savoir, le président « est le deuxième chez les ouvriers, derrière Le Pen ». Le président n'en reste pas moins celui des *wealthy people*, qu'on pourrait traduire par gens heureux. Pour finir, Gérald Darmanin s'en prend au programme des Républicains, moquant le fait que Valérie Pécresse « n'a même pas le courage de dire qu'elle supprime l'impôt sur la fortune immobilière, tandis qu'elle parle de supprimer la C3S » – la contribution sociale de solidarité des sociétés, un impôt qui pèse sur les entreprises.

Valérie Pécresse bien au courant de ces critiques, réplique que Gérald Darmanin l'a suppliée par le passé de venir le soutenir à Tourcoing. Mais c'était dans une vie antérieure.

« Un chien de talus »

Un des collègues du ministre de l'Intérieur n'est pas en reste. Fin décembre 2021, il critique la proposition de Valérie Pécresse de repousser d'une semaine la rentrée scolaire de janvier. « À mon avis, cela n'a pas grand sens. C'est une erreur politique qui montre que LR n'a pas une colonne vertébrale très sérieuse sur l'épidémie. » Ce ministre, qui ne souhaite pas être nommé, n'anticipe visiblement pas, au moment où il me parle, le vent de révolte qui souffle chez les enseignants contre les conditions de la rentrée, la complexité des règlements sanitaires à l'école et le manque de moyens de protection. Le tout va se traduire par une grève et des manifestations assez suivies, au grand dam du gouvernement qui aurait aimé qu'à trois mois de la présidentielle sa gestion sanitaire soit moins contestée. Le responsable du protocole sanitaire est Olivier Véran, mais la foudre retombe sur Blanquer.

Sur la personnalité de celle qui fut ministre de l'Enseignement supérieur, côtoyée par le passé, notre ministre se lâche. « Notre relation était très sympathique », dit-il, admettant que sa réforme sur l'autonomie des universités était « utile », quoique « incomplète », et que le bilan de l'ex-ministre était « globalement positif ». Valérie Pécresse a « du sang froid et de la suite dans les idées ». Elle est « très sérieuse, dans le bon sens du terme. Elle est opiniâtre, elle a confiance en elle-même, elle est très saine et a des valeurs ». Mais, nul n'étant parfait, suivent des remarques plus acidulées sur les travers qu'il croit déceler chez la candidate LR : « Elle cherche à se victimiser. C'est une fille de bourgeois et une femme, ce qui ne lui a pas nui », mais, ajoute-t-il, « ça signifie qu'on ne peut rien lui dire. Elle en joue trop, ce qui n'est pas très honnête ». Il lui décoche un autre trait : « Elle n'a pas peur de mentir. Elle fait de la poloche. Quand elle offre un ordinateur, elle met sa photo[1] », raille-t-il. S'agissant de son programme, il met fortement en doute la possibilité de réaliser des économies sensibles en réduisant le nombre de fonctionnaires ou en supprimant des services administratifs. « Ce n'est pas dans la fonction publique d'État qu'on va trouver du gras », croit-il, soulignant que « tous les pays en pointe augmentent leurs dépenses d'éducation. [...] Ce serait une folie de les diminuer en France. Les dépenses d'investissement doivent être privilégiées ». Pour conclure, « il faut que Valérie Pécresse dise où elle veut tailler, sinon c'est du bla-bla, du discours d'estrade ».

---

1. La politique politicienne – terme à la mode.

Un autre ministre, Marc Fesneau, en charge des Relations avec le Parlement, ne perçoit pas d'inquiétude présidentielle la concernant. « Pécresse, c'est le grand écart. Elle ne peut pas être pour Zemmour et pour nous. Elle est archi pas claire sur la ligne. Elle a un côté Île-de-France. Quand on va expliquer que son vice-président Wehrling est antispéciste, bonjour les agriculteurs. Si je m'affole ? Non, je ne sens pas un truc waouh[1]. » C'est clair, net... et un peu basique. Mais il faut bien fournir des éléments de langage contre l'adversaire aux journalistes qui achètent – ou pas – l'argumentaire.

Arnaud Péricard, maire de Saint-Germain-en-Laye et proche d'Édouard Philippe, avait senti dans un premier temps un front anti-Pécresse chez Les Républicains, d'autant que Christian Jacob, le président du parti, attendait François Baroin comme un sauveur. Reconnaissant l'évidence de sa victoire, il me glissera plus tard : « C'est un chien de talus », confirmant le jugement de Brice Hortefeux à l'automne dernier : « Elle ne lâche rien. »

Fin janvier 2022, bien qu'Emmanuel Macron reste en surplomb dans les sondages, le vent commence à tourner. La moindre dangerosité avérée du variant Omicron, le ras-le-bol de l'opinion face à la persistance et à la complexité des consignes sanitaires commencent à effriter la cote de confiance du président sortant. Le virus n'empêchera pas les débats autour d'une présidentielle qui démarre lentement et se focalise encore sur des questions secondaires. La multiplication des tests, le chaos réglementaire ont provoqué la colère du monde éducatif, à l'heure où s'achevait la rédaction de ce livre. Les vacances à Ibiza de Jean-Michel

1. Déjeuner avec la presse régionale, 13 décembre 2021.

Blanquer, le ministre de l'Éducation, perçu jusqu'alors comme un maillon fort du gouvernement, vont-elles mettre en difficulté le chef de l'État, cible des oppositions lors de son discours inaugural de la présidence européenne à Strasbourg ? Estimant que le lâcher serait plus coûteux que de le soutenir, la Macronie, d'abord hésitante, a fait bloc. Le ministre n'a en rien enfreint les consignes : ne pas s'éloigner à plus de deux heures d'avion de Paris et rester joignable à tout moment. Mais le symbole de cette île où l'on fait la fête était mal choisi, il l'a lui-même reconnu devant l'Assemblée, après avoir confessé à la radio qu'il lui arrivait de commettre des erreurs. L'époque recherche constamment des victimes expiatoires sur fond d'égalitarisme forcené.

Chercher la brèche

Invitée sur BFM TV de l'émission de Jean-Jacques Bourdin, « La France dans les yeux », le 18 janvier à Uzerche, dans sa chère Corrèze, Valérie Pécresse fustige le ministre de l'Éducation, qu'elle a connu quand il était recteur à Créteil. « Cet événement est symbolique de la déconnexion du pouvoir en place. Il y avait un besoin de consulter les syndicats, les professeurs, les parents d'élèves. C'est très difficile de consulter en visioconférence depuis l'étranger ». Et la candidate de revenir sur sa proposition de décaler la rentrée scolaire d'une semaine, qualifiant le protocole d'ubuesque, « avec trois heures de queue le lundi matin dans les pharmacies ». Pour enfin asséner : « Ils auraient dû m'écouter. »

Mais la candidate des Républicains s'est trouvé une autre cible. D'emblée, elle se « paie » l'intervieweur vedette de la chaîne, accusé d'agression sexuelle par une ancienne salariée de BFM TV. « Présidente de tous les Français, je ne laisserai plus aucune femme avoir peur de porter plainte. La loi du silence, c'est fini. Pour que la parole se libère, il faut que les femmes se sentent soutenues. Et avec moi, elles le seront. » Elle indique avoir hésité à participer à l'émission, ses communicants ayant négocié cette déclaration préalable à laquelle Jean-Jacques Bourdin, visiblement troublé, préfère ne pas réagir. La candidate n'a pas voulu soumettre à BFMTV sa déclaration préalable. Mais la chaîne n'a pas cédé à la pression exercée pour qu'il soit remplacé, avant de le suspendre « temporairement » de l'antenne. « Elle ne pouvait pas faire autrement », me dit l'un de ses conseillers, réfutant toute intention de flatter l'électorat féministe. Des propos « malsains » et qui « desservaient la cause des femmes », répond la députée LREM Coralie Dubost, qui l'accuse en filigrane d'avoir voulu faire un « coup ». Un coup « minable », me glisse un conseiller de l'Élysée. « En tant que femme, je suis sensible à cette cause, aux violences faites aux femmes et aux agressions de manière générale », précise la députée, avant d'ajouter : « Cela étant, en tant que responsable politique, je suis une grande défenderesse de la justice et de la présomption d'innocence. Je trouve la séquence qu'il y a eu hier soir d'un niveau terrible d'hypocrisie et de perversion mélangées. » Anne Nivat, grand reporter et compagne de Jean-Jacques Bourdin, a également dénoncé cette instrumentalisation. Les avis n'en sont pas moins partagés, et de nombreux observateurs voient dans cette séquence un tournant. Nombre de femmes, qui ne connaissent pas la réalité du dossier, estiment que Valérie Pécresse a bien fait. Interviewée par Léa

Salamé[1] deux jours après l'émission, l'intéressée se défend de toute instrumentalisation, expliquant que la libération de la parole des femmes est essentielle. Pour équilibrer son propos, elle donne une interview le lendemain au *Point* où elle explique que « défendre les femmes, ce n'est pas déconstruire les hommes[2] ».

L'émission « La France dans les yeux » a été une réussite, tant sur le fond – la candidate a proposé le rachat des RTT pour accroître le salaire – que sur la forme. Elle a su montrer son empathie , comme seul un élu local sait le faire pour les Corréziens. Et surtout ne pas avoir réponse à tout. L'anti-Macron ! Sans craindre de dire ce qui est possible et ce qui ne l'est pas. Mais surtout, elle a prouvé sa capacité à être impitoyable sous ses airs d'ange blond. Car la politique l'a endurcie. Valérie Pécresse est une femme politique. Au-delà des qualités de dévouement que nous avons évoquées, c'est aussi une « tueuse » – au sens figuré, bien entendu. Quand elle sent la faille, elle fonce. Et n'hésite pas à cliver, elle non plus. Lors du débat de la primaire, un Michel Barnier acculé s'est mis à bégayer lorsqu'elle lui a demandé s'il maintiendrait son moratoire sur l'immigration. « La fois suivante, il parlait de quotas. J'ai vu la brèche », me dit-elle[3]. Mais, ayant subi le machisme et même une tentative d'agression sexuelle, elle défend les femmes. À son amie la préfète Isabelle David, dont les relations avec le ministre délégué au Budget de 2002 à 2004, Alain Lambert, s'étaient détériorées, elle a dit un jour : « Ne t'inquiète pas, il est fini. »

1. Sur France Inter, le jeudi 20 janvier 2022.
2. Et pour Sandrine Rousseau, comme elle l'a déclaré au dernier Prix de l'humour en politique du Presse-Club : « Déconstruction n'équivaut pas à castration. » On n'en sort pas !
3. Entretien avec l'auteur, 23 décembre 2021.

Mais parfois les femmes se bagarrent entre elles. À la députée européenne Agnès Evren, elle dit un jour : « Tu n'es pas assez clivante, tu dois apprendre à être méchante. » Et à Rachida Dati, reine des tigresses qui dépasse souvent les limites, la « présidente » sait parfois imposer le silence. « Ce n'est pas parce que je suis la fille d'une femme de ménage que tu dois me parler comme ça ! », hurle Dati qui n'a pas son pareil pour se victimiser. En quittant Libres pour faire fusionner ses listes avec celles de Rachida Dati, Agnès Evren a conquis la Fédération de Paris au grand dam de Valérie Pécresse, dont la liste n'obtint qu'un score ridicule dans la capitale. Elle a bien compris la leçon. Depuis, les trois femmes ont décrété l'armistice.

Dans son « équipe de France », appelée à devenir « *dream team* » si les sondages venaient à décoller, Valérie Pécresse a désigné Bruno Retailleau pour établir son programme d'action des cent premiers jours. Quoi que l'on en dise, tout se joue en effet au début d'un quinquennat, quand le nouveau pouvoir, fort de la légitimité que lui confère le scrutin présidentiel, peut fixer un cap clair à son action. Laquelle s'enlisera ensuite dans de multiples combats sur tous les fronts. Comme ses prédécesseurs, Emmanuel Macron a bénéficié de cet « état de grâce » qui lui a permis de faire passer plusieurs réformes : suppression de la taxe professionnelle, de l'ISF, *flat tax*, réforme de la SNCF, etc. Les choses ont commencé à se gâter avec l'affaire Benalla, dont le président du Sénat Gérard Larcher fit une affaire personnelle pour montrer à l'Élysée qu'il n'était pas question de traiter la Haute Assemblée de manière désinvolte. Vint ensuite la révolte des Gilets jaunes qui, en l'espace de quelques semaines, fit vaciller l'État, Nicolas Sarkozy se chargeant de remonter le moral à plat d'Emmanuel Macron. La crise sanitaire, en mettant le pays à l'arrêt, a donné le coup de grâce. Entre-temps, la réforme des retraites, majeure mais mal engagée, avait été abandonnée.

Cap sur les cent jours

Jeudi 19 janvier 2022, lors d'une réunion au palais des Arts et des Congrès de Vannes, Bruno Retailleau a-t-il évoqué les cent jours qui jalonneront les débuts du mandat de Valérie Pécresse, si elle est élue présidente de la République ? Sans doute. C'est la mission qu'a confiée la présidente de la région Île-de-France au président du groupe Les Républicains au Sénat. L'ancien lieutenant de François Fillon estime que le chef de l'État dépense à tout-va pour assurer sa réélection et porte, à cet égard, une responsabilité majeure envers les nouvelles générations.

À l'heure où Emmanuel Macron dresse au Parlement européen les perspectives de la présidence française, la droite n'est pas loin de penser que notre pays fait courir un risque systémique à l'Europe. À savoir, le danger d'entraîner les Vingt-Sept dans une crise financière majeure. Car, avec le retour de l'inflation, la politique d'accommodement monétaire de la Banque centrale européenne (BCE) pourrait être remise en question par les Allemands. D'ores et déjà, le nouveau chancelier Scholz parle d'un retour aux critères de Maastricht. La France est à la traîne de ses voisins, sauf pour les impôts. Au-delà d'un endettement astronomique, la compétitivité est en berne, comme le montre le déficit du commerce extérieur. La désindustrialisation se poursuit et le chômage reste élevé. D'où la nécessité de réformer, de débureaucratiser, d'appliquer les recettes qui ont marché ailleurs, n'en déplaise à Bruno Le Maire, le ministre de l'Économie, qui aspire à être nommé à Matignon[1].

Les Républicains ont défini un triptyque : protéger, éduquer, soigner. Le premier volet de cet engagement comporte une révolution pénale consistant non pas à éviter d'appliquer les peines légères, comme l'ex-garde des Sceaux Nicole Belloubet, mais, au contraire, à enfermer beaucoup plus vite, comme l'ont fait les Pays-Bas, ce qui a eu un effet dissuasif. Le nouveau gouvernement devra agir vite, par ordonnances, fort de sa légitimité électorale. Et vraisemblablement avoir recours au référendum pour certains projets de loi. Sinon, la nouvelle équipe sera confrontée à la même impuissance que celles qui l'ont précédée.

« Il faut que le président retrouve sa place d'arbitre et d'inspirateur. Et de rassembleur. Le Premier ministre doit être un grand professionnel qui dirigera d'une main ferme l'équipe des ministres et me rendra compte[2] », affirme la candidate. Et Xavier Bertrand d'ajouter : « Cessons de délivrer notre programme jusqu'à ce que Macron déclare sa candidature. Ils n'arrêtent pas de nous piller. Et concentrons-nous sur quatre ou cinq choses prioritaires si on veut changer les choses, ce à quoi beaucoup d'hommes politiques ont déjà renoncé[3]. »

Depuis 2017, la droite a remporté toutes les élections locales. Et depuis quinze ans aucun président ne fait plus d'un mandat en vertu du « dégagisme » ambiant.

---

1. Quoi qu'il en soit, Bruno Le Maire a peu de chances d'obtenir ce qu'il souhaite d'Emmanuel Macron qui, contrairement à lui, a échoué deux fois à Normal Sup et jalouse sa relation avec des écrivains comme Michel Houellebecq.
2. Entretien avec l'auteur, 28 décembre 2021.
3. En marge de l'émission « ExtraLocal », Territoires TV, 21 janvier 2022.

Conclusion

Fin d'une époque ou retour à l'ancien monde ?

En juillet 2021, lors du premier déjeuner suivant son élection à la présidence de la région d'Île-de-France, Valérie Pécresse effectue un tour des tables afin de saluer les conseillers régionaux. Elle tombe sur une tablée réunissant, outre Laurent Saint-Martin, leader de LREM, les ministres Marlène Schiappa, Amélie de Montchalin et Nathalie Élimas.

« Le conseil des ministres est délocalisé à Saint-Ouen, dit-elle.

— Mais vous serez bientôt avec nous, lui répond Schiappa.

— Il n'y a aucun risque, car vous m'avez attaquée en me faisant passer pour une anti-IVG alors que vous savez que c'est faux ! »

Fin du dialogue entre les deux camps...

Lundi 17 janvier 2022. J'ai rendez-vous au Tournesol, sur les quais de Seine, avec Jean-François Copé. Il désigne une table où déjeunaient, dans un épisode du *Bureau des Légendes*, la maîtresse de Malotru, la belle Zineb Triki, et la fille de l'agent de la DGSE joué par Mathieu Kassovitz. « Cette série est une des rares joies du confinement », me confie-t-il.

Cet homme est un des grands brûlés de la politique française. Il se préparait depuis toujours à devenir président de la République. La prise du parti qu'il dirigeait ne devait être qu'une étape dans sa conquête de la magistrature suprême. François Fillon s'est mis en travers et le choc de leurs ambitions les a entraînés tour à tour vers le fond. Copé, vrai chiraquien, m'avait plu par sa capacité de résistance à Sarkozy, quand tout le parti se jetait à ses pieds au lendemain de la victoire de 2007. Leur relation a vite tourné à l'aigre[1].

Jean-François Copé s'est replié sur son cabinet d'avocat et sa ville de Meaux, où il a été élu en 1995. Un exemple pour la candidate des Républicains et les « bébés Pécresse » qui ont remis de l'ordre dans leurs municipalités. « J'ai changé de vie après avoir été terriblement ostracisé. Le sujet est simple. Il faut proposer un projet où l'on rétablit l'autorité au service du progrès », explique celui à qui la présidente du conseil régional d'Île-de-France a confié le dossier des banlieues et qu'elle a nommé conseiller à la politique de la Ville. Même *Le Monde*, à sa manière, a rendu hommage au travail de cet élu de terrain qui a détruit seize des tours de sa ville, installé la vidéo partout avec des caméras reliées à un centre de supervision urbaine. « J'ai une réunion de police tous les mois. On connaît les voyous. Il n'y a pas de querelles de bandes. À la minute où l'on voit dix personnes se chauffer avec un leader au milieu, on a une brigade qui intervient », explique le maire de Meaux.

1. S'indignant de la demande de son ancien Premier ministre François Fillon auprès de Jean-Pierre Jouyet, secrétaire général sous François Hollande, lui suggérant de « taper Nicolas Sarkozy », l'ancien Président de la république dit à Jean-François Copé : « C'est Pierre Laval ! » Réalisant plus tard que Nicolas Sarkozy se défausse de ses responsabilités dans l'affaire Bygmalion sur ses anciens collaborateurs, Copé lui lance : « Il y a plusieurs Pierre Laval dans notre famille. »

S'il conseille la candidate sans rien revendiquer, Jean-François Copé connaît exactement la quinzaine de gros dossiers à traiter et les décisions à prendre sans délai, de préférence par ordonnances durant l'été. Officiellement retraité de la politique, il aurait pu en théorie avoir un profil de futur Premier ministre. Au même titre que beaucoup. Encore faudrait-il, pour gouverner, que les cicatrices du passé soient refermées et que les élections législatives qui se tiendront deux mois après la présidentielle confirment la victoire des Républicains. « Si Valérie Pécresse n'est pas qualifiée, on ferme la maison... mais les socialistes pourraient voter pour nous par détestation de Macron », laisse entendre Copé. Les Français, qui changent de président tous les cinq ans, résisteront-ils à la tentation de se débarrasser de ce président trop brillant et arrogant à la Giscard ? Ne voudront-ils pas tourner la page de la crise sanitaire ? Quand nous nous sommes vus en janvier, Copé ne semblait guère inquiet du « faux plat » que semblait traverser la candidate. « C'est le mois du favori » (en l'occurrence Macron), pronostiquait-il avec le calme des vieilles troupes. La cristallisation interviendrait ensuite, la campagne ne démarrant réellement que début mars.

Allons-nous assister à la fin d'une époque ou à un retour à « l'ancien monde » ? Tout se jouera probablement dans un mouchoir de poche, aux alentours de 20 %, entre un président diaboliquement habile et deux femmes de droite, Valérie Pécresse et Marine Le Pen, dont on ne peut exclure qu'elles se retrouvent face à face ! Les deux candidates représentent 40 % des intentions de vote.

En débarquant à ce déjeuner, je sortais d'un rendez-vous avec Alexandra Dublanche, la vice-présidente aux affaires économiques de la région, également chargée de coordonner la cellule riposte au QG des pécressistes. « J'ai dit à son père [Philippe Goujon, maire du XVe arrondissement de Paris] que sa fille était folle de vouloir faire de la politique », me glisse Copé, qui mesure à quel point il est devenu difficile de gouverner.

Tant d'efforts, de souffrances, avec parfois de grandes joies et une fugace reconnaissance pour guider un peuple sur les rapides du destin : est-ce vraiment humain ?

La politique est un virus dont on guérit difficilement.

Table

Remerciements

Mes remerciements vont d'abord à mon éditeur, à Martin Leprince et à Olivier Philipponnat, ainsi que toute l'équipe qui a contribué à la publication de ce livre.

Merci à Valérie Pécresse et à son mari Jérôme pour les échanges directs qui ont accompagné la rédaction de cet ouvrage nourri de plusieurs entretiens sur une douzaine d'années. Merci aussi à ses fidèles, dont Jean-Marc Zakhia, toujours disponible.

Parmi ceux dont l'aide me fut précieuse, je tiens également à mentionner mon ami de quarante ans, Pascal Mallet, ancien directeur des bureaux de l'Agence France Presse à Djakarta, Beyrouth et Lille, et mon assistante Émilie Marx.

Merci enfin à mon confrère Bruno Jeudy et à ma consœur Nathalie Schuck pour leurs éclairages amicaux.

Je ne citerai pas ici les dizaines d'entretiens qu'il m'a été permis de réaliser pour nourrir ce travail, ils sont tous mentionnés dans les notes. Seuls Nicolas Sarkozy et François Fillon ont refusé de me parler, sans doute parce qu'une page se tourne pour eux douloureusement.

CHEZ LE MÊME ÉDITEUR

Ian Hamel

XAVIER BERTRAND, L'OBSTINÉ

Qui l'avait vu venir ? Qui voulait y croire ? L'assureur de Flavy-le-Martel ne payait pas de mine. Malgré un parcours hors des clous, loin de l'Ena, Xavier Bertrand a gravi un à un les échelons jusqu'à être, aujourd'hui, un candidat crédible dans la course à l'Élysée. Pour peu que ses amis Laurent Wauquiez ou Valérie Pécresse ne lui savonnent pas la planche.

Tout commence en 1998, avec son élection au conseil général de l'Aisne. Sept ans plus tard, le voilà ministre de la Santé de Jacques Chirac, et bientôt secrétaire général de l'UMP. Très vite, il choisit de jouer cavalier seul. En 2012, sans états d'âme, il lâche son mentor, Nicolas Sarkozy. Cinq ans plus tard, après la déroute de son camp, il quitte Les Républicains. Et aujourd'hui, le « Petit Chose », président reconduit des Hauts-de-France, apparaît comme le plus rassembleur à droite, fier d'avoir « desserré pour les briser les mâchoires du Front national », son « seul et unique ennemi ». Au point de contraindre le président Macron à voter pour lui aux régionales...

Sur sa personnalité, les avis divergent. Jovial et abordable pour les uns ; brutal et sournois selon d'autres. Pour démasquer ce faux gentil, Ian Hamel s'est tourné vers les hommes politiques, mais aussi vers ses proches, frères du Grand Orient et copains du Club 33 de Saint-Quentin. Tous soulignent son intelligence tactique et sa capacité à résister aux coups. Qualités d'un candidat aussi opiniâtre qu'atypique, avec lequel il faudra forcément compter.

***Ian Hamel**, journaliste au* Point, *est l'auteur d'essais politiques dont, aux éditions de l'Archipel,* Sarko et Cie, la république des copains *(2011),* L'Affaire Bettencourt, derniers secrets *(2013),* Notre ami Bernard Tapie *(2015).*

ISBN 978-2-8098-4152-7 / 432 pages / 22 €

Anita Hausser – Jean-François Gintzburger

GÉRALD DARMANIN

Les secrets d'un ambitieux

Héritier de Sarkozy, disciple de Xavier Bertrand ou meilleur atout de la Macronie face à l'extrême droite ? S'il a eu des fidélités successives, Gérald Darmanin n'a jamais varié dans ses fondamentaux : de droite, tendance souverainiste, soucieux des questions de sécurité et de lutte contre les communautarismes, il revendique sa fibre populaire et sociale, cultivant son profil d'homme politique qui ne sort pas de l'Ena.

Fils de concierge, petit-fils de tirailleur algérien, il a réussi un parcours sans faute : député du Nord à 29 ans, maire de Tourcoing à 31 ans, ministre du Budget à 34 ans, il met en avant ses origines modestes. Il fait grincer « jambe gauche » de LREM, mais sa loyauté et sa fermeté paient : en juillet 2020, il entre place Beauvau, bien décidé à faire oublier ses prédécesseurs.

Les accusations de viol, les violences policières, les rancunes et les jalousies suscitées par son ascension auront-elles raison de son flegme ? Question posée par cette enquête fouillée, sur les traces d'un animal politique rusé.

***Anita Hausser**, longtemps journaliste à* L'Alsace, *a collaboré à de nombreux médias (RTL, La Cinq, France Info, TF1, LCI, LCP...). Elle est l'autrice de* Sarkozy, itinéraire d'une ambition *(L'Archipel, 2003) et* Ennemis de trente ans : Sarkozy-Juppé *(av. Olivier Biscaye, éd. du Moment, 2016).*
***Jean-François Gintzburger** a été journaliste au quotidien* La Voix du Nord.

ISBN 978-2-8098-4096-4 / 322 pages / 20 €

Michael Darmon

LES SECRETS D'UN RÈGNE

Dans les coulisses d'un quinquennat de crises

Gilets jaunes, réforme des retraites, crise sanitaire : autant de batailles difficiles, qui ont révélé un manque d'analyse et de préparation au sommet de l'État.

En 2017, Emmanuel Macron avait pris la réalité politique à contre-pied. Quatre ans plus tard, le voilà contredit par les réalités du pouvoir, cherchant à se projeter dans un « monde d'après » qui tarde à advenir.

À partir des confidences glanées dans les allées du pouvoir, Michaël Darmon livre les secrets d'un règne. Comment le chef de guerre autoproclamé a-t-il vécu son confinement à l'Élysée ? Quand a-t-il décidé de se séparer d'Édouard Philippe et comment Jean-Yves Le Drian a-t-il été à deux doigts d'être nommé à Matignon ?

Une radiographie d'un quinquennat au cours duquel le président, champion de l'« en même temps », s'est retrouvé à contretemps, soumis au nouveau « maître des horloges » : la Covid-19.

Ancien collaborateur de France 2, iTélé et Europe 1 où il a présenté « Le Grand Rendez-vous », éditorialiste sur i24news, ***Michaël Darmon*** *couvre depuis près de trente ans la vie politique. Il est l'auteur d'essais dont* Macron ou la démocratie de fer *(L'Archipel, 2018) et de biographies de Nicolas Sarkozy, Rachida Dati et Carla Bruni-Sarkozy.*

ISBN 978-2-8098-4142-8 / 288 pages / 19 €

Jérôme Lavrilleux

"POUR UNE FOIS IL N'Y AVAIT PAS D'ARGENT LIQUIDE"

Au cœur du système Bygmalion

« Durant vingt-cinq ans, j'ai été un homme de l'ombre. Le grand public a découvert mon existence le 26 mai 2014. Ce jour-là, devant des millions de téléspectateurs, j'ai reconnu mon implication dans un système de fausses factures destiné à masquer le dépassement des frais de campagne de Nicolas Sarkozy en 2012. Une pratique totalement illégale, mais qui n'avait donné lieu à aucun détournement d'argent. *Dire la vérité a fait de moi un paria au sein de mon ancien parti...* »

Cette vérité, Jérôme Lavrilleux la livre ici pour la première fois en détail, sans autocensure. La vérité d'un homme qui, condamné à trois ans de détention pour son rôle dans l'affaire Bygmalion, n'en a pourtant pas été le cerveau, mais l'exécutant. Un bon soldat auquel Nicolas Sarkozy lui-même a reconnu cette « qualité rare chez les collaborateurs politiques : il a l'art de ne pas nous embêter avec les questions que nous n'avons pas à connaître »...

Ce scandale retentissant, il le raconte de l'intérieur, avec ses multiples protagonistes, leurs petites lâchetés, leurs servitudes et, parfois, leur grandeur. Sous une lumière crue, il peint ainsi un tableau dantesque de la droite française, où « celui qui saigne est aussitôt réduit en charpie ».

Né en 1969, entré en politique en 1989, ***Jérôme Lavrilleux*** *a été directeur de cabinet de Jean-François Copé à la présidence de l'UMP, puis directeur adjoint de la campagne présidentielle de Nicolas Sarkozy en 2012. De 2014 à 2019, il a été député européen. Retiré de la vie politique, il administre des gîtes en Dordogne.*

ISBN 978-2-8098-4369-9 / 240 pages / 18 €

Cet ouvrage a été composé
par Atlant'Communication
au Bernard (Vendée)

Impression réalisée par

NORMANDIE ROTO IMPRESSION S.A.S.
à Lonrai (Orne)

en février 2022
pour le compte des Éditions de l'Archipel
département éditorial
de la S.A.S. Écriture-Communication

Imprimé en France
N° d'impression : 2200416
Dépôt légal : mars 2022